KB069851

이면의 도시

하이브리드 총서 5

이면의 도시

© 정진열, 김형재, 2011

1판 1쇄 발행일. 2011년 7월 15일
1판 2쇄 발행일. 2011년 12월 23일
2판 1쇄 발행일. 2021년 2월 10일

지은이. 정진열, 김형재
펴낸이. 정은영

펴낸곳. (주)자음과모음
출판등록. 2001년 11월 28일 제2001-000259호
주소. 04047 서울시 마포구 양화로6길 49
전화. 편집부 02. 324. 2347 / 경영지원부 02. 325. 6047
팩스. 편집부 02. 324. 2348 / 경영지원부 02. 2648. 1311
이메일. munhak@jamobook.com

ISBN 978-89-544-4580-1 (04300)

하이브리드 총서 5

이면의 도시

정진열   김형재

자음과모음

일러두기

이면의 도시

1 다시보기 들여다보기 그려보기

1

너도 알다시피, 인간이 한 직업에 종사하다 보면
그 직업이 그의 모습이 되는 거야.
/ 영화 〈택시 드라이버〉에서 위저드의 대사.

파리의 라데팡스나 뉴욕 맨해튼처럼 구획적으로 정리된 근대적 메트로폴리스와는 달리, 서울과 같은 도시는 그 내부가 미로를 연상케 하는 오래된 길들로 가득 차 있다. 그리고 한 사람이 한 장소에서 일생 대부분을 보내며 축적한 개별적인 경험들은 일종의 존중받아야 할 가치와 같았다. 서울에서 택시 운전사라는 직업이 예전에는 나름 진입이 까다로웠던 직종 중에 하나였던 이유는 운행하던 차량의 종류나 무사고 경력 같은 개인택시 자격 요건은 둘째로 치더라도, 서울에서 오랫동안 차량을 몰며 이 도시의 지리적·공간적·문화적 정보를 몸으로 체득하지 않고서는 택시를 운전하기란 쉽지 않은 일이었기 때문이었다. 자칫하다가는 승객들에게 핀잔을 듣거나, 도리어 길을 안내받기 십상이었다. 그런데 근래에 시행된 서울시의 주소 재편성 사업, GPSGlobal Positioning System, 그리고 내비게이션의 등장은 이런 보이지 않는 진입 장벽을 일시에 허물어버렸다.
    택시 운전사의 실력은 곧 운전 경력과 비례했고, 운전사들은 개별적으로 축적한 경험과 체화한 정보를 직관적으로 활용했다. 즉 일반인들은 쉽게 생각해내거나 알지 못하는 길을 이용하여 불쑥 목적지에 도착해 우리에게 놀라운 경험을 제공해주곤 했다. 과거형을 사용한 까닭은, 짐작하다시피 이런 '신공', 암묵지暗默知로서의 경험과 지식의 축적이 기술의 발달 덕에 데이터베이스화되어 누구나 이 정보에 접근하기 용이해졌고, 그래서 경력에 따른 위계, 가치가 상당 부분 사라져버렸기 때문이다. 〈전격 Z작전〉의 위트 넘치는 가상 AI '키트'는 어느새 이미 운전대 옆 단말기 스피커를 통해 이리저리 우리를 이끌어주거나 외로움을 달래주고, 때로는 짜증도 받아내는 친숙한 목소리로 현실화되었다.

　이러한 변화 혹은 기술적인 진보는 우리에게 새로운 자유를 가져다주는 것 같아 보였다. 인공위성, 신의 시점을 빌려 쓰는 GPS 덕분에 우리의 지리 감각은 완전히 달라졌다. 타인의 고정된 시점에 의지해야 하는 제한적인 지리 경험이 이제 자신을 중심으로 모든 것을 측정하고 재단할 수 있는 종류의 것으로 탈바꿈했다. '내비게이션'은 그렇게 우리의 시각에서 장소와 길을 안내해준다. 내가 시청으로부터 몇 킬로미터 떨어져 있는 것이 아니라 시청이 '나로부터' 몇 킬로미터 떨어져 있게 된 것이다. 하지만 이 이야기는 반대로 언제든 나의 위치가 파악될 수 있다는 의미도 된다. 물론 할리우드 영화에서처럼 국가의 적으로 몰리며 쫓기는 신세가 아니어도 티머니 사이트에 접속해 자신의 카드 정보를 입력했을 때 매일 자신이 어느 정류장에서 몇 시 몇 분 몇 초에 몇 번 버스를 타고 어디로 이동했는지 완벽하게 기록된 목록이 쏟아져 나오는 광경에서 느끼는 전율은 차라리 감동에 가깝다. 개인 정보들이 드디어 진정한 공공성을 획득하는 시대다.[1]

　〈택시 드라이버Taxi Driver〉에서 동료들의 존경을 받던 베테랑 운전사 위저드가 남긴 대사는 이제 직업과 개인의 관계에서 큰 의미를 갖지 못한다. 하긴 그도 십수 년 넘게 택시를 몰았지만 결국 자기 자신의 택시를 가질 수 없었다. 우리가 내비게이션에서 불러내 공유하는 정보는, 한 사람의 택시 운전사라면 수십 년이 걸려야 축적 가능한 양의 정보들이 집적된 데이터베이스로부터 나온다. 하지만 내비게이션의 목소리가 말해주지 않고 지나쳐버리는 정보들은 어떤 종류의 것이고 얼마만큼의 양일까. 우리는 계기판, 지도, 지표 들이 우리를 얼마나 손쉽게 속일 수 있는지 잘 알고 있다. 공권력에 쫓기는 도망자가 위기에 놓일 때마다 교묘하고 복잡하게 뻗어나가는 샛길과 우회로들이 얼마나 중요하게 작용하는지도 안다. 우리의 경험이 점차 시스템이 제공하는 기성화한 포맷이 허용하는 가상의 한계 안에서만 이루어지고 그 포맷에 의존하는 것이 일상화될 때, 개별적 경험이 평준화되고 이를 제공하는 시스템의 지배력이 우리의 삶을 뒤덮으리라는 것도 비약적인 추론은 아니다. 그것의 의미와 영향력이 만드는 결과는 단순히 주변에서 베테랑 운전사들이 줄어드는 것만으로 끝나지는 않는다. 우리가 이런 변화를 포스트휴먼과 신인류의 탄생이라며 흥미롭게 지켜보고만 있기 때문에 우리는 항상 뒤처질 수밖에 없고, 흐름에서 이탈되지 않도록 순응하고 뒤쫓기에 급급하다.

지금부터 살펴볼 몇몇 예시들은 시스템의 표면이 균열하는 틈새에서 흘러나오는 정보들을 가공하고 재배열해 또 다른 의미의 망을 구축한 결과들이다. 이런 주제는 우리들 디자이너가 연구할 만한 범주에 속하기보다 인문학적 성찰과 실천의 영역에 속하는지도 모르겠다. 그러나 우리는 이미 서로 다른 범주에 속하는 이들이 방법과 목적을 공유하며 효과적으로 협업을 진행한 사례들을 풍부하게 가지고 있다. 이 프로젝트의 목적은 현실의 맥락을 짚는 인문학적 실천과 시각언어로 실행되는 조형적 실험들이 통합적으로 이루어졌을 때, 앞서 말한 시대의 흐름 안에서 어떤 흥미로운 지형도상의 샛길들을 구축할 수 있을까를 고민하는 데 있다.

---

1   이에 대해서는 최근(2011년 봄)의 일련의 상황들을 살펴보라. 아이폰을 비롯한 스마트폰들이 사용자의 위치 정보를 저장하고 자사 서버로 전송한다는 사실에 대한 논란이 벌어지고 있으며, 소니는 자사의 플레이스테이션 네트워크와 엔터테인먼트 서비스 고객 1억 명의 개인 정보를 유출한 혐의로 충격을 주었다. 국내에서는 구글코리아와 다음 등이 사용자 정보를 누출한 혐의로 검찰의 수사 대상으로 지목되기도 했다.

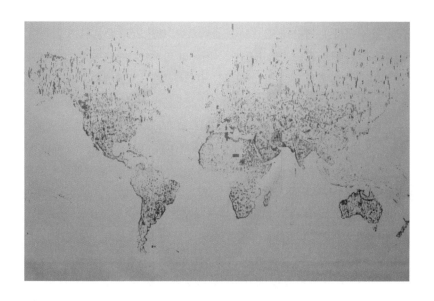

이은우, 〈Google Landscape 2007〉, 직접 제작한 모눈종이에 연필, 2007~2008.

2
_____

……이 제국에서는 지도 제작 기술이 완벽에 가까운 수준으로 발달하여 일개
지방의 지도를 펼치면 한 도시 전체를 덮고 제국의 지도는 한 지방을 다
덮어버릴 정도였다. 세월이 흐름에 따라 그렇게 어마어마하게 큰 지도들마저도
성에 차지 않게 되자, 지도 제작 동업자 조합은 제국과 지점 하나하나에서
완전히 일치하는 현척 지도를 만들었다. 그러나 지도 제작 연구에 관심이 덜했던
다음 세대들은 그렇게 터무니없이 큰 지도는 아무 쓸모가 없다고 생각하고
무엄하게도 그 지도를 염천과 엄동의 무자비함 속에 방치해버렸다. 아주
볼품없이 훼손된 그 지도의 잔해는 서부의 사막에 남아 있고, 짐승과 걸인들이
그 잔해 위에 살고 있다. 이제 이 나라 어느 곳에서도 지리학 연구의 흔적을
찾아볼 수가 없다. / 수아레스 미란다, 『조심성 많은 남자의 여행』에서.[2]

구글의 지도 서비스는 지리 정보와 관련 산업계에 혁신적 변혁을 가져온
일대 '작품'이다. 구글은 지도 서비스를 통해 이른바 세계지리 정보의 대통
합을 이룸과 동시에 개인들의 수준에서 상당한 깊이의 지리적 정보에 접
근할 수 있게 했다. GPS와 구글 지도의 통합은 모바일폰과 같은 개인 단
말기 차원의 통합적 다차원 내비게이션 시스템으로까지 발전했다. 단말기
안에서 우리는 지표면 수 킬로미터 밑 대양의 지형도에서 달과 화성의 지
도에 이르기까지 감각과 경험을 확장한다. 구글의 이런 정보 시스템과 정
보의 경향성에 경이감을 표하거나 찬양하는 사람들은 많다. 그런데 이 구
글 서비스의 지리 정보 디지털 데이터베이스를, 아날로그적인 수작업의 노
동으로 환원하는 과정을 통해 새로운 관점과 맥락을 드러내는 것도 가능
하다. 작가 이은우는 삼차원적으로 구성된 하이테크놀로지의 디지털 지구
본을 다시 평평하게 펴는 데서부터 시작한다. 작가는 구글 어스Google Earth

2   수아레스 미란다Suarez Miranda, 『조심성 많은 남자의 여행Viajes de Varones Prudentes』
       제4권 14장, 호르헤 루이스 보르헤스Jorge Luis Borges의 『불한당들의 세계사』에서
       재인용.

12

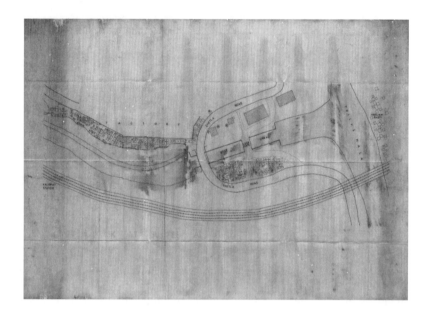

Unnayan, ⟨Chetla Lock Gate, Marginal Land Settlement in Calcutta(now Kolkata)⟩, 1984.

에서 고해상도 항공사진으로 구성된 부분을 따로 추적하여 그것을 모눈
종이에 '표시'한다. 구글 어스는 인공위성에서 얻은 이미지를 바탕으로 하
지만, 모든 장소에서 같은 심도의 이미지를 보여주지는 않는다. 무엇이 이
차이점을 만들어내는가. 전체적으로 드러난 이미지는 우리에게 많은 것을
시사해준다.

3

이것이 바로 지도들의 의미하는 바 ─그들은 지도를 작성하는 이들이 그렇게
이해되기 바라는 방향으로 묘사한 세계의 초상이다.
/ Jai Sen, "Other Worlds, Other Maps: Mapping the Unintended City", *An Atlas
of Radical Cartography*, Journal of Aesthetics and Protest Press, 2008.

이은우가 시스템을 자신의 눈으로 해체하고 다시 조립하면서 이면의 맥락
을 찾아 기록했다면, 인도의 운나얀 프로젝트는 시스템 바깥에 방치된 이
들을 도리어 시스템 안으로 불러오는 방식으로 접근한다. 1970년대 인도
의 급격한 산업구조의 변화에 따라 도시 주변에는 지방이나 농촌 지역에
서 올라온 노동자들의 거대한 불법적인 거주촌이 생겨나기 시작했다. 운
나얀 그룹은 이러한 현상이 심각한 사회문제로 떠오르던 시점에 결성된
사회적인 행동 그룹으로, 인도 캘커타 동부의 빈민 주거지역을 대상으로
거주, 건강, 노동, 교육 등의 이슈에 관해서 다양한 캠페인을 진행했다. 그
들이 주목했던 부분은 엄청난 수의 이주민, 하층 노동자, 주거민이 그 지
역에 실제로 살고 있음에도, 공식적인 지도나 자료에는 그들의 존재가 무
시되거나 존재하지 않는다는 사실이었다. 당연히 통계나 공문서에 존재하
지 않는 이들이 정부의 지원을 받을 근거 자체가 성립될 수 없었다. 운나
얀 그룹은 지역 커뮤니티와의 협력을 통해서, 비공식적이던 빈민 거주지
를 지도에 표시하고 일련의 우편번호를 부여함으로써 그들의 존재에 현실

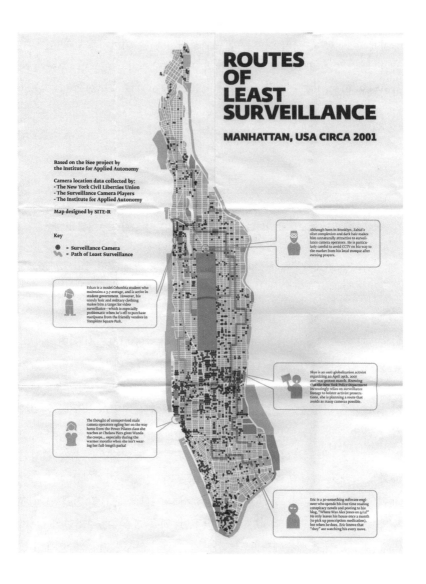

Institute for Applied Autonomy with Site-R, ⟨Routes of Least Surveillance, Manhattan, USA Circa 2001⟩, 2001.

적 근거를 마련해주었다. 즉 시스템 밖에 존재하던 이들에게 시스템 안으로 편입될 수 있는 통로를 만들어주어 국가에 속한 개인으로서의 최소한의 권리와 정체성을 확보할 수 있게 했다.

4

CCTV와 같은 실시간 감시, 기록의 도구는 개인의 사생활을 침해하고 국가의 시민 지배를 나타내는 억압의 대표적인 상징이었다. 그러나 근년 어느 시점을 기점으로 이 CCTV는 사람들이 의식하는 것보다 훨씬 빠른 속도로 기하급수적으로 증식되며 도시 공간을 잠식하기 시작했다. 디스토피아적인 상상력에 의해 강력하게 저지되거나 부정적으로 인식되던 이 기기는 이제 범죄를 예방하고 분쟁을 해결하는 기초적인 수단으로 받아들여지며 도시 생활의 가장 일상적인 요소로 안착했다. 사람들은 연예부 기자와 그가 쫓던 스타가 서로 간의 피폭행 사실을 주장하는 스캔들의 주된 증거물로 CCTV 기록이 등장하는 것을 흥미롭게 지켜보거나, 목욕탕이나 탈의실에 설치된 CCTV를 발견한 이용객들의 항의 소동을 다룬 뉴스에 실소한다.

감시하는 조직으로서 시스템은 항상 개인에 비해 우월한 자리에 서 있지만, '맨해튼 감시카메라 지도' 프로젝트의 경우는 역으로 감시하는 눈을 관찰하는 작업을 통해 개인과 시스템 간의 아이러니컬한 관계를 재미있게 드러내고 있다. 이 지도는 맨해튼의 모든 CCTV의 위치를 기록해서 보여줌으로써 CCTV의 증식에 대한 주의를 일으키고자 하는 목적을 갖고 있다. 흥미로운 것은, 이것이 맨해튼의 주민들의 참여에 의해 만들어졌다는 점이다. 시민들이 수량이나 개별적 위치, 그리고 설치하고 기록하는 주체가 공표되지 않는 CCTV의 위치를 PDA, 카메라폰, 종이에 펜으로 스케치한 메모 등을 통해 제보하고 그 총합을 기록하면 프로젝트 실무자들은 이를 바탕으로 감시카메라 분포도를 작성했다. 이 작업을 통해 한 구역에 얼마나 많은 감시카메라가 분산·설치되어 있는가에 대한 공적인

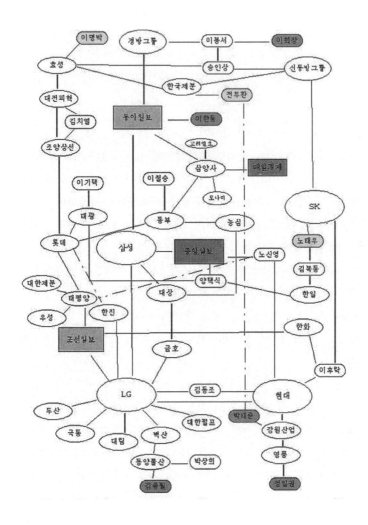

작자 미상, 〈보수언론과 재벌 혼맥도〉, 『대한민국 판도라 상자를 열다』의
내용을 재구성.

데이터베이스가 구축되었다. 이 프로젝트에 참여한 시민들이 처음으로 주변의 감시 환경을 인식하고 이것이 자신과 이웃들의 삶에 어떤 식으로 영향을 끼치며 개입하고 있는가를 깨닫게 되는 과정은 매우 흥미로웠다. 그들은 이러한 감시 시스템을 구축하면서 경찰이 발표한 '범죄 예방'의 목적이 자신들의 안전한 삶을 위한 것이 아니라, 맨해튼의 차이나타운에서 대량의 자본을 소유한 이들의 재산을 보호하기 위해서임을 깨달았다. 즉, 늘 노출되거나 감시당하거나 추적당하는 입장에 놓이기 쉬운 '보이는' 대상인 자신들이 그동안 무의식적으로 '보는' 자의 시선과 입장에서 자연스럽게 CCTV와 같은 감시 장치를 용인하거나 옹호해온 것이다.

5

디시인사이드의 정치 갤러리에서 크게 유행하던 소위 '짤방' 중 하나인 〈조중동—재벌 혼맥도〉 또한 시민들의 자발적인 정치적 발언이라는 점에서 살펴볼 만하다. 기존에도 언론사가 선거나 주요 인물을 검증하는 차원에서 혼맥도를 작성하거나, 30대 혹은 100대 재벌들 간의 혼맥도를 제작하여 발표하곤 했는데, 웹상에서 더욱 널리, 그리고 효과적으로 활용되고 배포되었던 것은 오히려 이 '짤방'이었다. 워드프로세서로 거칠게 만들어진 이미지들은 예전에 시민들이 등사판으로 인쇄해 몰래 배포하던 유인물의 디자인을 연상시켰으나 그 생생함 때문에 완성도 높은 그래픽으로 표현된 언론사의 도표보다 더 선호되었다. 혼맥도가 담고 있는 이 '새삼스러운' 정보들의 재조합에 보이는 반향은, 확정적이고 거역 불가능한 지배 구조에 대한 시민들의 작은 저항이자 지배 권력을 보호하기 위해 한정된 혈통 안에서 내부 교배를 거듭하던 전근대 봉건체제와 비견될 만한 그들만의 결속 시스템에 보내는 조소의 의미로 다가온다.

『경향신문』은 대표적인 지식인들의 상대적인 관계를 정리해서 2007년 '한국사회 지식인 지도'를 발표했다. 한 축은 이념의 좌우 성향, 또 한 축은 민족주의 성향 여부로 설정했다. 독자들이 이 분포도를 보고 느낀 감

18

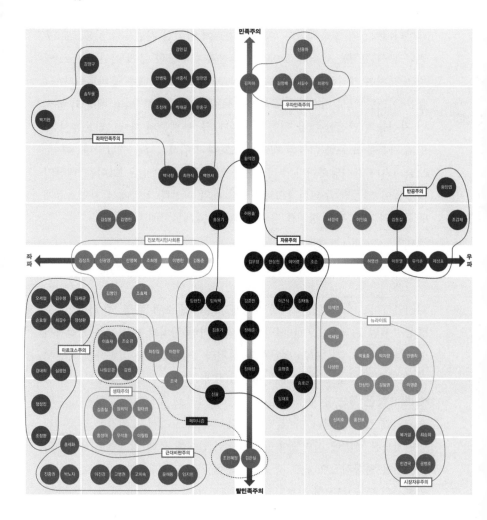

〈2007년 한국 지식인 이념 분포도〉, 『경향신문』 2007년 4월 22일자에 실린
정보 그래픽의 내용을 참조하여 재구성한 것이다.

정은 다양하겠지만, 그중의 하나는 통쾌함이었다. 지식인들 스스로 자신들이 어떤 범주에 속하는지 명확히 밝히는 경우도 드물 뿐 아니라, 민주와 반민주의 대립 구도만 존재하던 시절에는 다른 정치 성향과 상관없이 단순한 피아 구분만 가능하면 당면한 투쟁에 임하는 데 문제가 없었다. 2000년대 이후 민주화를 기준으로 하는 강력한 대립선이 약화되면서, 각 지식인들이 어떤 사상적 경향과 정치적 태도를 지니는지 파악하는 것이 상대적으로 중요해졌다. 큰 범주에 속하던 지식인들을 세분화하는 것도 가능해졌고, 이런저런 그룹들이 스스로 다른 이들과의 차별화를 내세우며 새롭게 자신들을 포지셔닝하는 경우도 생겼으며, 세인들의 인식과는 완전히 다른 방향으로 선회한 지식인들도 뚜렷하게 나타났다. 그러나 담론과 주요 이슈들, 판도를 완전히 꿰고 있는 이들을 제하면 이들의 입장과 활동이 정확히 어떤 상대적인 지점에 위치하는지 파악할 수 있는 사람은 많지 않다. 그러나 이 분포도에서 그들이 한 좌표에 위치하는 순간, 그와 다른 지식인과의 상대적인 관계가 분명하게 드러나게 된다. 결과적으로, 이를 통해 독자들은 이들의 활동과 발언 등을 이해하는 데 한층 분명하고 풍부한 맥락들을 적용할 수 있게 되었다.

6
_____

의심 많은 사람이란, 무엇이든 믿지 못하는 사람을 일컫는 말이 아니라,
한꺼번에 믿지 못하는 사람을 일컫는 말이다. 이런 사람은 근시안적이고
방법론적이어서 거시안적이기를 기피한다. 이런 사람은 의심이 풀려야 사물을
믿고, 첫 번째 사물과 똑같아야 두 번째 사물을 믿는다. 이 두 가지가 똑같지
않으면 좀체 믿으려 들지 않는다. 이 두 사물 어딘가에, 이 두 사물을 연결시키는
제3의 함정이 있을 것으로 믿는다. 이게 바로 경신輕信이다.
/ 움베르트 에코, 『푸코의 진자』, 이윤기 옮김, 열린책들, 2007.

영향력의 크기로 따졌을 때 지식인들의 경우는 별것 아닐 수도 있다. 실

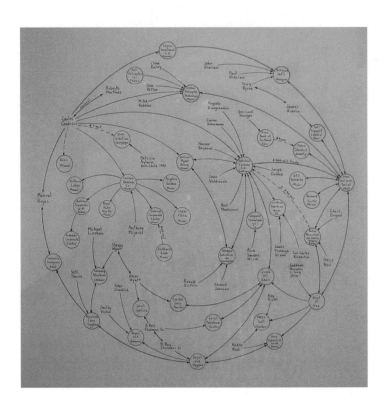

마크 롬바르디, ⟨BCCI-ICIC-FAB, c. 1972~1991⟩, 1996~2000.

제 세상이 돌아가는 일들에 정말 의미 있는 영향력을 갖는 인물들은 누구며, 정체는 무엇일까. 막후 실력자, 밤의 대통령, 배후세력, 침묵의 카르텔 등등 숨은 권력을 가리키는 관용어구들의 다양함만 살펴도 실체를 알고자 하는 욕구에 필연적인 좌절이 내포되어 있음을 알 수 있다. 그러나 간혹 어떤 사건들을 통해 그 공고한 침묵과 비가시의 보호막은 균열을 일으켜, 우리의 시야에 그 구성원이나 실체의 일부가 노출되기도 한다. 보통은 이를 현실이라고 인식하며 적당한 선에서 분노 섞인 탄식 정도를 남길 뿐이지만, 어떤 이들은 제한적으로 드러난 사실에 만족하지 못하고 그 실체를 개인 차원에서 뒤쫓아 규명하려는, 지난하고 좀처럼 성과 없는 시도와 좌절의 늪에 스스로를 빠뜨리고 만다. 수천 년에 걸쳐서 우리는 이런 음모론을 생산하고 즐겨왔으며, 극단적인 음모론자들이 거대한 숨은 권력을 파헤치다 적들의 폭력에 폐인이 되거나 살해당하는 이야기는 스릴러 영화나 소설의 단골 소재기도 하다.

1990년대 초반, 마크 롬바르디Mark Lombardi는 부시 전 미국 대통령과 빈 라덴의 관계로 유명해진 하켄 에너지나 영화 〈인터내셔널The International〉의 실재 소재였던 파키스탄 BCCI 은행 스캔들 따위를 조사하기 시작했다. 그는 당시 인덱스카드로 이를 정리했는데, 아마도 그의 직업인 도서관 사서로서의 업무에서 영향을 받았을 것이다. 조사한 인덱스카드의 분량이 만여 장을 넘어서자 정리나 관리의 어려움을 느낀 그는 직접 연필을 들고 종이 위에 그 정보들의 다이어그램을 그리기 시작했다. 이는 정리와 추론을 거쳐 간단한 트리 구조의 스케치가 되었고, 그는 이 스케치가 자신의 가설 입증을 위해 수집한 정보들을 가장 효과적으로 배열하는 방법인 동시에, 이 과정이 각 사실들을 연결하는 관계들을 보다 분명하게 드러내며 숨겨진 구조를 암시하는 촉매가 된다는 것을 깨달았다. 그때부터 롬바르디는 국제적 스캔들에 관한 차트들을 만들기 시작했다.

이 다이어그램들이 주는 시각적 아름다움과 압축적이고 정련된 시적 표현이 주는 감흥은 아이러니컬한 현실 속의 음모론이 주는 매력 자체에 기인한다. 그는 1990년대 말 이런 다이어그램 작업들을 소개한 전시들

22

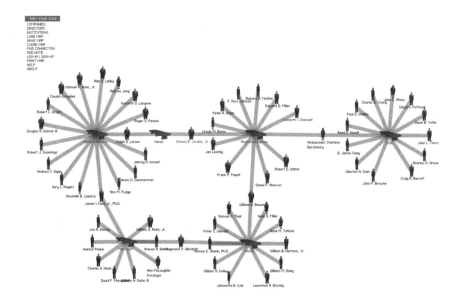

www.theyrule.net, 〈They Rule 2004〉, 2004.

이 성공하고 몇 년 지나지 않은 2000년에 자살한 시체로 발견되었다. 그러나 그의 친지들은 자살로 밝혀진 그의 죽음에 의문을 제기하며 그가 살해되었을 가능성에 무게를 두었다. 그가 이 작품들을 공개하면서 많은 소송, 항의와 같은 반향에 시달리고 심한 압박을 받은 것은 사실이지만, 그것은 궁극적으로 그 자신이 의도한 것이자 원한 것이기도 하다.

7

'They Rule'(www.theyrule.net)은 2001년에 오픈한 웹사이트며, 동시에 일종의 저작 툴이기도 하다. 이 사이트(혹은 툴)는 우리가 거대 기업들 사이의 연관 관계를 살피거나, 각 기업 주요 인사들의 학연 등 인적 네트워크를 검색할 수 있게 함으로써 직관적인 인터페이스로 활용되어 우리의 이해를 돕는다. 물론 사용자들이 각각 자신이 원하는 기준으로 도출해낸 결과를 따로 저장해서 활용할 수 있는 기회까지 제공한다. 이 프로젝트의 바탕이 되는 자료는, 다름 아닌 언론에 노출된 100대 기업, 500대 기업의 정보들이다. 사이트에서 제작자들이 밝힌 설명에 따르면, 이 프로젝트의 대상인 기업들이 자본주의의 완전한 경쟁 시스템 하에서 무한 경쟁하는 것처럼 보이는 표면적인 사실들과는 달리, 각 기업의 고위 간부급 인사들의 인적 네트워크를 살펴보면 이들이 마치 큰 가문에서 뿌리내린 후손들처럼 서로가 긴밀하게 연결되어 있음을 알 수 있다. 자본주의의 기본적인 경쟁 구조를 전적으로 신뢰하며 국가의 개입과 외부의 제재를 극단적으로 경원시하는 기업들이 만든 제품들이 어째서 항상 비슷한 시기에 비슷한 수준으로 가격이 오르는지, 각 기업들 간의 이해가 상충하는 경우가 어째서 표면적으로 드러나는 일이 드문지, 우리는 이 프로젝트를 통해 간접적으로나마 그 이유를 추측할 수 있다.

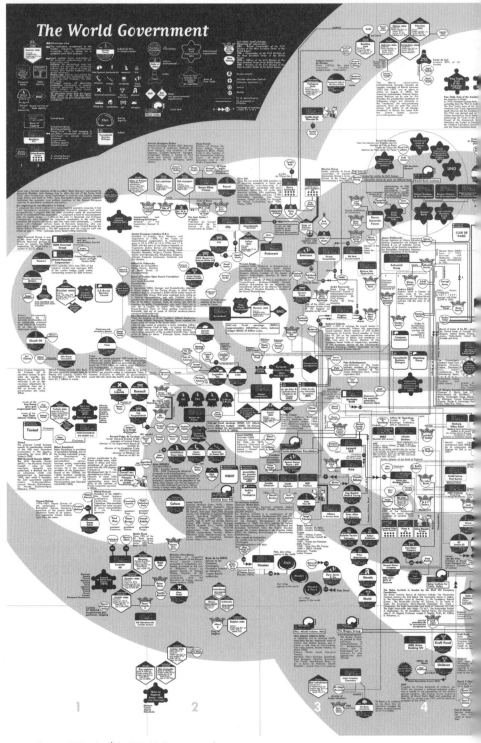

Bureau d'Etude, ⟨The World Government⟩, 2004.

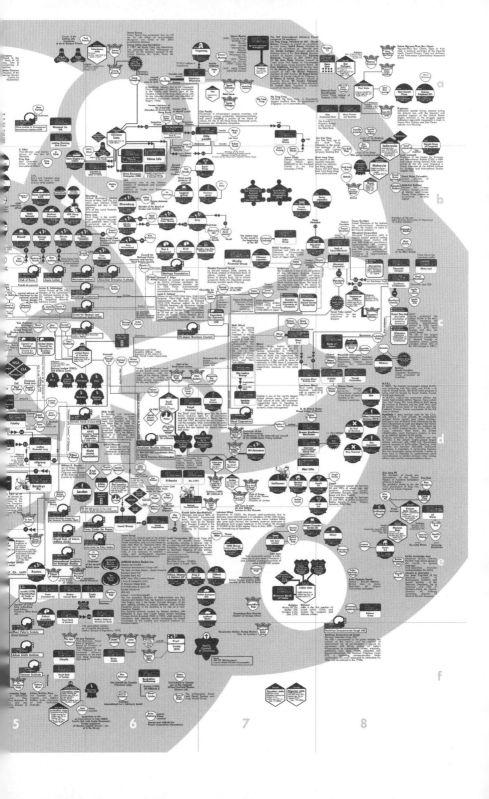

8

⟨The World Government⟩는 세계에 관여하는 세력의 관계를 보다 구체적
으로 보여주고 있다. 알 수 없는 도로 표지판 같은 기호들이 잔뜩 들어 있
는 이 지도는 프랑스의 뷔로 데튀드Bureau d'Etudes가 2003년에 발표한 것으
로, 어떻게 초국가적인 자본주의의 지배가 가능하며, 효과적으로 기능하
고 있는지 이해하려는 얼토당토않은 거대한 목적을 가진 괴상한 시도다.
이 지도의 목표는 현대 자본주의가 어떻게 기능하는지, 그 중추와 그를 이
루는 구조는 어떤 것인지, 주변부 세계가 어떻게 지배받는지를 시각적으
로 보여줄 수 있는 정보 지도를 만드는 것이다. 이를테면, 제국의 인프라
스트럭처를 그래픽 차트로 시각화하는 작업인 셈이다. 이를 위해 이들은
산업, 재정, 정치-군사적 영향력을 가진 기구들과 그 기능들에 대한 다양
한 분야의 연구 결과를 차용했으며, 기구와 정부, 군사시설과 재정 기구
등의 조직들을 표현하는 픽토그램들로 지도를 구성했다.

9

다시 택시를 타고 서울을 가로지른다. 서울 주소 시스템의 선진화를 위해
서 체계적으로 바꾸었다는 새로운 주소에 도통 익숙해지지도 못한 채, 목
적지 인근 랜드마크가 무엇이었는지, 그것이 아직 헐리지 않고 있기는 한
지 확신할 수 없어 머뭇거리고 있을 무렵, 운전사가 몇 개의 단어를 내비게
이션에 입력한다. 검색된 목록에서 목적지를 선택한다. 곧 발랄한 여성의
목소리가 '경로를 탐색'하고 '안내를 시작'한다. 오후 2시 무렵의 라디오 방
송을 배경음악으로 깔고서 어딘가의 광장을 지나간다. 공사 중이라 도로
가 정체 중이라는 내비게이션의 자상한 안내가 나오자 서울 개발 정책에
대한 운전사의 장광설이 시작된다. 서울에서 갑작스레 새로운 건물이 순
식간에 생겨나고, 늘 그 자리에 우뚝 서 있던 건물들이 하루아침에 허물어
지는 게 어제오늘의 일은 아니다. 지금의 서울은 운전사의 경험에만 기대
기에는 변화의 양상이 너무나 역동적이어서, 오히려 내비게이션의 안내에

기대는 수밖에 없을지도 모른다.

이 '역동적'인 도시의 구조와 움직임을 낱낱이 파헤치려고 시도하거나 세계 정부 음모론과 같은 거대한 이야기에 빠져들지 않더라도 우리 바로 곁의, 일상적인 정보의 흐름을 다시 보고 들여다봄으로써 우리가 살고 있는 도시의 이면과 부분적으로라도 조우할 수 있을지 모른다. 앞으로 이 지면을 통해 이런 작업들을 소개하거나 새롭게 시도해보려 한다. 혼란스럽게 편재하는 장소와 정보의 가닥들을 더듬거리며 엮어, 의식하지 못하고 지나치거나 그 자체만으로는 구체적 의미를 갖기 어려운 이야기의 조각조각을, 정보의 잔재들을 다양한 맥락으로 살피고 재현하며 우리의 일상에 암묵적으로 관계하는 것들의 모습을 그려볼 수 있을 것이다. 그것은 도심의 저변을 관통하는 거대한 지하 공간의 스케치일 수도 있고, 순간순간 공공 공간들을 은근슬쩍 사적인 용도로 전유하는 시민들의 얄미운 재치일 수도 있고, 생각지도 못하게 수도권을 재구성하는 교통 시스템일 수도 있다.

2 서울 밤하늘의 별은 무수히 빛나더라

서울 밤하늘의 별은 무수히 빛나더라

2002년, 우리는 한국에서 한동안 매우 보기 드물었던 정경을 목격했다. 자본주의가 펼쳐내는 소비의 스펙터클이 아니라 시민 한 사람 한 사람이 흥에 겨워 축제의 형태로 다들 뛰어들었던 광화문 광장, 그곳을 가득 메웠던 몇십만의 빨간색 티셔츠들이 보여주는 광경은 우리 스스로에게는 열띤 감흥을 불러일으켰고, 외부의 관찰자들에게는 한국적 스펙터클을 경험하도록 하는 장면이었다. 그 정도 규모의 대중적 집회는 1980년대 민주화 운동 당시 이후로 보기 힘든 사건이었고, 이후 세대론과 새로운 시민의 개념에 대한 많은 논의를 낳았다. (상대적으로) 자발적인 의지들이 모여 만들어낸 제의적 광장의 공기는 사실 경험하기 힘든 종류의 것들이 아니던가. 그로 인한 다양한 논의의 가능성은 차치하고서라도 그 이미지 자체가 제공하는 시각적 쾌감은 개개인의 본능적인 소속감과 동질성을 간질였다. 시간이 흘러 그 광경이 뇌리에서 잊혀질 무렵, 그 울렁임이 또 다른 형태로 다시 찾아왔다.

2008년 여름, 한국의 포털사이트 메인 뉴스란에 대문짝만 하게 뜬 사진들에서 우리는 기묘한 기시감과 이질감을 동시에 느꼈다. (당시 우리들은 각각 외국과 지방에 체류하고 있었기 때문에 촛불시위를 미디어를 통해 간접적으로 경험할 수밖에 없었다.) 2002년의 이미지들과 유사하지만 색다른 필터를 적용해 변조시킨 느낌과 같았다. 서울이라는 대도시에서 이제 밤하늘의 인공위성이 아닌 진짜 별을 감상하기를 더 이상 기대할 수 없지만, 그 사진들은 서울의 밤하늘에 흡사 은하수가 내려와 앉은 것 같았다.

미국산 수입 쇠고기의 안전성을 화두로 폭발적으로 번져나갔던 촛불시위는 그 형성 과정이나 이후의 진행 과정에서 이전의 그 어떤 집회, 시위들과도 달랐다. 1990년대 중반을 넘어서며 정치적 시위는 이전에 비해서 성격도 달라지고 규모도 눈에 띄게 작아졌다. 시민들이 직접적으로 참여하는 정치적인 움직임은 이념적 색채를 상당 부분 걷어낸 참여적 시민운동의 형태 정도로나 그 맥을 이어가는 듯했다. 가두집회의 동력이었던 대학생들도 전반적으로 보수화되는 경향에서 사회적인 이슈가 그런 정도의 대중적인 참여를 불러일으킬 줄 사실 아무도 기대하지 않았다. 이때 사람들은 거듭되는 경제 위기 때문인지 어느 때보다도 정치적인 문제에 깊은 관심을 두지 않는 것처럼 보였고—2007년 대선의 결과를 보라—우리를 포함한 젊은 세대들은 타인과 전체보다 우선 자신의 생존과 안위에 방점을 찍었다. 이 이미지들과 견주어 유사한 정도의 감흥을 주는 이미지는 오직 2002년의 월드컵의 그것들밖에 없었다. 물론 2008년에도 2002년과 마찬가지로, 단일한 비정치적인 이슈에 수십만이 거리에 몰려나온 광경은 이전 세대들에게는 선뜻 받아들이기 힘든 종류의 것이기도 했다.

우리에게 특히 흥미로웠던 것은 이 두 가지의 이미지들이 시청 앞과 광화문 일대를 다시 광장으로 전용하고 있는 증거들이라는 점이었다. 광화문 일대는 광장이 아니라 넓은 도로(왕복 16차선)였고, 시청 앞 광장도 시청 건물에 부수적으로 딸린 잔디밭이었지만 2002년, 2008년 시민들의 움직임으로 그곳들은 이른바 소통의 공간, 혹은 의견 표출의 공간으로서의 광장의 의미를 다시 획득하는 것처럼 보였다. 그러나 그렇게 시민들에 의해서 재현된 광장의 생명력은 그리 오래가지는 못했다.

19세기 파리로 돌아가 보자. 우리가 샹젤리제 거리라고 부르는 그 거대한 회랑이 조성된 것은 생각보다 그리 오래지 않은 일이다. 현대 도시 계획의 원형으로 회자되는 오스망Georges Eugène Haussmann의 네오 파리 건설 과정에서 가장 재미있는 부분은 왕정, 귀족정과 대적해 싸운 민중의 힘에 기대어 대통령에 오른 루이 나폴레옹Charles Louis Bonaparte이 몇 해 지나지 않아 친위 쿠데타를 일으켜 공화제를 폐지하고, 스스로 황제(나폴레옹 3세)에 등극한다는 점일 것이다. 그의 도시 계획은 그를 지지했던 민중 투쟁의 근거를 제거하는 것에서부터 시작한다. 프랑스 민중들이 2월 혁명 당시 정부군과 시가전을 벌이면서 승리할 수 있었던 큰 이유 중 하나는 구舊 파리의 좁은 골목들을 활용해 바리케이드를 만들고 이를 근거로 시가전을 수행했기 때문이었다. 나폴레옹 3세는 오스망에게 네오 파리 계획을 지시하면서 이 같은 도시 민중 투쟁 전술에 대한 방비책을 요구했고, 오스망은 폭동 진압군이 신속하게 이동해 군중을 제어하기 쉽도록 도로를 직선화하고 그 폭을 넓혔다. 그 결과가 지금의 개선문을 중심으로 방사상으로 펼쳐진 샹젤리제 거리다.

촛불집회에서 광화문이나 서울 시청 앞 공간에 대한 서울시의 대처는 19세기의 파리와는 다르게 이루어졌다. 군사력의 압도적인 우위를 가졌던 19세기 파리에서는 시가전을 조망하며 민중을 쉽게 제어할 수 있도록 넓은 공간이 제안되었다면 서울에서는 대규모 군중의 성립 요건을 상쇄시키기 위해서 공간을 자르고 분절시키는 쪽이었다. 공간 사용을 법적으로 금지함과 동시에 상시적 이벤트를 시청 앞에서 개최하고, 시장 오세훈의 핵심 시정 프로젝트 중의 하나인 공공디자인 사업의 연장선상으로 광화문 16차선을 각종 조형물로 가득 채웠다. 각종 시설물들이 가득 찬 곳에서 구심점은 분산되기 마련이다.

이렇게 서울시가 빠르게 공공 공간들을 다양한 전략으로 점유한 이유가 서울 도심의 대표적인 공공 공간들과 매우 가까운 거리에 청와대가 있기 때문이라고 말한다면 지나치게 과장한 것일까? 실제로 광화문에서 청와대까지는 걸어서 10분 남짓이다. 촛불집회 당시에도 청와대로 가자는 구호는 무성했지만 컨테이너 장벽과 경찰들의 벽에 가로막혀 한 번도 시위대는 그곳에 이르지 못했다. 그러나 이제 8000번 버스를 타면 그렇게 가로막혀 멀게 느껴졌던 장소에 단 10분이면 도착할 수 있다.

"청와대 관광 명소화에 동참하게 되어 영광스러워요. 그동안 버스로는 시티투어버스나 관광버스를 타야만 지날 수 있었는데, 이제 일반버스로 청와대에 올 수 있게 된 것이 의미 있는 일이지요. 지하철

1·2·3·5호선과 환승할 수 있으니 청와대가 국민들 곁으로 더욱 다가선 셈이네요."
지난 4월 29일 오후 2시 청와대행 시내버스 시승을 앞두고 대진운수 이임우 상무는 벅찬 표정이었다.
/ 청와대 경호처 홈페이지 보도자료에서 발췌.

지선 8000번 버스는 2008년 5월 1일에 공식적으로 운행을 개시했다. 이 버스는 청와대 분수대 앞에서 출발해 춘추관 앞, 국립민속박물관, 경복궁 동문, 안국동, 을지로입구역, 서울역 그리고 남대문을 돌아, 남대문시장, 조계사, 한국일보, 경복궁 서문을 지나 다시 분수대 앞으로 순환하는 단거리 맞춤 버스다. 애초에 국민과의 소통을 위한 노력의 일환으로 대통령은 이 버스를 고려했을 것이다. 그러나 이렇게 가깝게 갈 수 있는 거리를 두고서 끝내 광화문에 있던 시위대의 목소리는 청와대까지 닿지 못했다.**프로젝트 a 참조 / 40~79쪽**

스피커스 코너[1]

서초동 대법원 앞을 지나갈 때마다 늘 보는 익숙한 광경이 있다. 목에 커다란 피켓을 건 누군가가 대법원 앞에 홀로 서서, 도로를 지나가는 차들을 보는 것인지, 빌딩들을 바라보는 것인지 먼 곳 어딘가를 응시하고 있다. 두세 명의 경찰이 서 있는 한적한 대법원 정문으로부터 얼마 떨어지지 않은 곳에 위치한 이 공간은 일부러 마련한 곳처럼 느껴지기도 한다. 대법원을 포함해 서울에 퍼져 있는 각 공관들 앞에도 유사한 공간들이 마련되어 있다. 국회의사당 앞에도 같은 성격의 공간이 있었는데 9호선 국회의사당역이 새로 생기면서 경계가 뒤로 물러나서 좁아졌다. 하지만 새로 생긴 역 덕분에 그 앞을 오가는 사람들이 많아졌으니 어쩌면 피켓을 목에 건 누군가에게는 잘된 일인지도 모르겠다.

국회의사당과 대법원, 청와대는 그들의 억울함을 토로하기에 가장 좋은 장소다. 나랏님들이 오가는 곳이니, 혹시라도 검은 차창 너머로 그들의 억울함을 들여다봐 줄지도 모른다는 희망 때문인지 공관 주변에는 하루가 멀다 하고 피켓을 목에 건 사람들이 우두커니 서 있다. 그런데 옥외집회 및 시위의 금지 장소에 관한 법률 제11조에 따르면, 앞에 언급된 이 장소들은 각국 대사관까지 포함해 시위가 금지된 장소다. 게다가 일출 전, 일몰 후의 시위도 금지하고 있다. 시민들에게 "공포감을 조성"하기 때문이라고 한다. 하지만 같은 법률에서는 2인 이상이 한 가지 주제로 한 장소에 모여 발언하는 것을 시위로 규정하고 있기 때문에 혼자서 피켓을 들고 있거나 구호를 외치는 것은 엄밀히 말해 시위가 아니다. 그리하여 우리가 공관 근처에서 누군가가 홀로 시위하는 모습에 익숙해지게 된 것이다.

물론 이전에도 1인 시위의 형태를 띤 '나 홀로 시위'는 계속되어왔지만 이와 같은 형태의 시위가 많은 이들의 관심을 모으며 수면 위로 떠오르게 된 계기는 2000년 12월 18일, 참여연대가 삼성그룹의 상속세 추징을 요구하며 국세청 앞에서 79일 동안 벌인 시위였다. 1인 시위는 대규모 시위가 가진 폭력적인 인상에서 벗어나 있고, 법 테두리 안에서 자신의 의견을 효과적으로 전달할 수 있다는 점이 참신하게 받아들여졌다. 1인 시위가 유용한 발언의 수단으로 널리 여겨지면서, 집시법의 틈새에 놓여 있다는 장점을 이용해 동일한 주제로 여러 사람이 돌아가며 하는 릴레이 시위, 간격을 두고 동일한 주제로 하는 인간띠 시위 등의 변형태들도 등장했다.

이 공간들은, 공권력의 근엄한 권위를 위해 시위를 금지했지만 실질

1   런던의 하이드 파크에는 조그마한, 높이가 20센티미터가 될까 말까 한 박스가 있다. 얼기설기 놓여 있는 박스는 얼핏 보아서는 그 용도를 짐작하기 어렵다. 정오 즈음이 되면 그 용도에 대한 의문은 풀린다. 그곳은 100년 이상의 역사를 가진 유명한 스피커스 코너Speakers Corner다. 1872년 이래 시민들이 자신의 의견을 자유롭게 말할 수 있도록 자발적으로 형성된 이 자리는 지금까지 개개인의 연설—혹은 주장—들이 끊이지 않고 있으며, 영국의 민주주의를 이야기할 때 빠지지 않고 거론되는 장소다.

적으로는 시위로 기능하는 행위가 가능하고, 또 가장 빈번하게 실행되는,
법률 아래서 의미와 기능이 꼬여버린 흥미로운 공간으로 전이되었다. 애
초에 시위를 규정한 사람들의 방어적 관점이 반영된 결과다. 집회와 시위
의 권리를 보장하기보다는 그로부터 공권력을 보호하거나 통제하기 위해
만들어진 법률이 의도치 않게 괴상한 틈새를 만든 셈이다. 혹은 실제로 시
민 한 사람의 배복과 탄원 정도는 아량 있게 받아들여주자는 배려로 만들
어진 규칙일지도 모르겠다. 어느 쪽이건 간에 원칙적으로는 각 공관 앞에
서 피켓을 걸고 숙박을 해도 제복을 입은 사람들이 배후세력을 캐묻는 일
은 벌어지지 않아야 한다. 집시법 제11조에 의하면 그렇다. 하지만 최근에
는 뚜렷한 법적 근거 없이 공권력에 의해 검거되거나 처벌되는 경우가 늘
었다. 특히 청와대 근처에서 얼쩡대는 사람들 대부분이 끌려간다는데, 그
들이 시위자를 체포하며 대는 이유들이 "당신이 지금 하고 있는 시위는 다
른 데서 다른 사람이 하고 있다"에서부터 "며칠 전에 여기서 다른 사람이
당신과 같은 이유로 시위했다", "그러니 당신이 지금 하고 있는 건 '1인' 시
위가 아니다" 등등 가지가지다.

촛불시위의 열풍이 한차례 휩쓸고 간 2008년 11월 무렵, 민주화의
성지 광주의 한 대로변에서는 한 여중생의 1인 시위가 30일 넘게 계속되고
있었다. 어떤 구구절절한 사연이 있기에, 소녀는 대로변에 자신의 키의 절
반만 한 피켓을 들고 매일 그렇게 서 있는 것일까. 1인 시위의 대상은, 다
름 아닌 소녀의 아버지와 아버지가 다니는 회사의 직원들이다. 사연인즉,
소녀의 아버지가 집안에서 극심한 가정폭력을 휘두르고 외도를 일삼으며
1년이 넘도록 생계비를 주지 않는 등 아버지로서의 의무를 다하지 않았
다는 것이다. 소녀는 방과 후 매일 이른 저녁을 먹고 이 회사 앞으로 출근
해 시위를 하고 있다고 한다. 시위가 있으면 탄압 세력도 있기 마련, 아버
지는 매번 소녀에게 화를 내며 피켓을 뺏으려 한다고 한다. 하지만 소녀는
두려움보다 분노가 더 큰 모양이다. 소녀는 아버지가 반성할 때까지 1인
시위를 계속하겠다는 각오를 보였는데, 지금은 소녀의 외로운 투쟁이 끝
이 났을지 궁금하다.

시위 현장의 떠들썩한 분위기라고는 찾아볼 수 없는 서초동의 한 조용한 고급 아파트 단지 앞. 이곳에서 2005년 10월 20일부터 11월 11일까지 독특한 내용의 시위가 벌어졌다. 수색동에서 이곳으로 매일 출근 도장을 찍고 있는 김태근 씨는 이 아파트 단지에 살고 있는 형을 상대로 시위를 벌였다. 그가 정식 집회 신고까지 내고 시위를 벌이고 있는 이유는, 형이 부모가 물려준 고향 땅 1만 5,000천 평(49,587m²) 등의 유산을 자신에게 나누어주지 않았기 때문이다. 여느 시위 상대자가 그러하듯, 형은 매일 1인 시위를 벌이는 동생을 상대로 명예 훼손 등 법적 대응을 준비하고 있다고 한다.

2000년의 참여연대의 시위와 같이, 1인 시위의 내용들 중에서는 사회적 혹은 공공의 이익을 위한 발언도 있지만, 서초동의 김태근 씨처럼 개인 혹은 특정 단체의 목적을 위한 1인 시위의 수도 만만치 않다. 이처럼 시위의 청자가 뚜렷한 경우가 많기 때문에, 의외의 장소가 시위의 공간이 되기도 한다. 서초동의 고급 아파트 단지 앞, 청담동의 JYP 빌딩 앞, 사립 고등학교 정문 앞 등 어느 곳이건 발언대가 된다.**프로젝트 b 참조 / 80~83쪽**

그곳의 뚜껑이 열리면 로봇 태권브이가 출동한다[2]

여의도를 회차하는 버스를 타면 재미있는 구경거리를 많이 볼 수 있다. 금박으로 뒤덮인 63빌딩은 볼 때마다 눈가가 시큰해지고, 증권가 직장인 무리의 개성 없는 옷차림들을 구경하는 것도 질리지 않는다. 여의도 투어의 꽃이자 피날레는 국회의사당이다. 푸른 돔이 버스 창문 너머로 보이기 시

---

2 2007년 1월 18일 국회의사당 앞에서는 30년 만에 디지털로 복원된 〈로보트 태권 V〉의 시사회를 기념하는 '출정식'이 열렸고, 이 출정식에는 3미터가 넘는 로봇 태권 V의 조형물이 설치되었다. 국가 비상시에 국회의사당 비밀기지 돔이 열리며 '로봇 태권 V'가 출동한다는 오랜 도시 전설을 바탕으로 열린 행사였다. 같은 날 시사회도 열려 국회의사당 대회의장에서 국회의원들을 대상으로 상영되었다.

작하면 가슴이 벅차오른다. 뉴스에서 보던 모습과 전혀 다르지 않다. 저기 가면 금배지들을 실컷 볼 수 있겠지, 하는 기대감에 벅차오를 즈음이면 버스는 매정하게 국회의사당을 뒤로하고 한강대교로 향한다.

채 3분이 안 되는 국회의사당과의 만남이 늘 아쉬워, 결국은 "관람하기 3일 전 신청한 자에 한"하는 국회의사당 관람을 신청하고야 말았다. 늘 버스로 지나치기만 하던 국회의사당 정류장에 내려 두근거리는 마음을 부여잡고 정문으로 들어섰다. 정문 양옆에 늘어선 경찰들이 길을 가로막고 신분증을 요구하며 방문 목적을 물어보는 광경을 떠올리며 긴장했지만 허무하게도 경찰들은 내게 눈길조차 주지 않는다.

국회의사당 입구 앞에는 나처럼 두근거리는 마음을 감출 수 없는 초등학생들로 가득하다. 곧 가이드를 따라 국회의사당으로 입장했다. 입구에 깔린 레드카펫을 초등학생들과 함께 걷는 기분이 참 묘하다. 투어 가이드는 24개의 기둥과 천장의 365개의 등이 담고 있는 의미들을, 무슨 큰 비밀이라도 가르쳐주듯 초등학생 무리에게 속삭였다. 〈스펀지 2.0〉에 제보하면 '지식의 별' 세 개도 받기 힘들 거라고 생각했다. 가이드는 국회의사당의 곳곳이 어떤 의미를 담고 있는지 열심히 설명한다. 그렇지만 한국 정치의 본산까지 일부러 찾아와 진짜 정치와는 전혀 관련 없는 이야기들을 끊임없이 듣고 있자니 한없이 지루해진다. 국회 매점에서 산 국회의사당 로고가 찍힌 초콜릿 포장을 뜯어 초콜릿을 베어 물다 문득 『헨젤과 그레텔』의 과자로 만든 집을 떠올렸다. 기념품 매장에 가득했던 국회의사당 캐릭터와 로고가 박힌 기념품들을 보고 있자니 국회의원들은 국민들이 자신들을 어떻게 생각하고 있는지 알고 있을까 하는 의문이 들었다.

가장 고대하던 본회의장에 들어섰다. 조명은 밝게 비치고 있지만 회의장은 텅 비어 있다. 역시 가이드가 떠드는 이야기들로부터는 별 소득이 없다. 좌석이 모두 299개라는 것밖에는 기억이 나질 않는다. 관람이 시시하게 끝나갈 무렵, 본회의장 의석배치도를 발견한다. 낯익은 이름들도 있고, 전혀 들어보지도 못한 이름도 있다. 텅 빈 본회의장 앞에 붙은 배치도의 이름들을 꼼꼼히 들여다보고 있으려니, 초등학교 시절 좋아하던 옆 반

아이의 자리를 확인하려고 빈 교실에 숨어들어 자리배치도에 반듯하게 쓰인 그 아이의 이름을 확인하고 두근거렸던 추억이 떠오른다. 오히려 입구의 레드카펫을 밟을 때보다 내가 정말 국회의사당에 와 있구나, 하는 것이 더 실감이 났다. 아마도 나는 뉴스와 신문 따위로만 접하여 이미지와 관념 속에만 존재하는 '금배지'들을 실재의 세계에서 조우하고 싶었던 것 같다. 이 의석배치도는 그들을 내가 인지할 수 있는 현실 세계의 범위로 끌어내리는 통로와도 같았다. '국민의 종복'이라는 타이틀을 갖고 있으면서, 한 지역의 수많은 유권자들의 권리를 위임받아 그들 대신 나랏일을 처리하는 높으신 분들이, 이 배치도 안에서는 그저 하나의 좌표값을 가지고 다른 의원들과 함께 줄지어 앉아 있는 그저 한 사람의 이름일 뿐이다. 나는 이제 이들이 어느 자리에 앉아 무엇을 하는지 알 수 있게 되었다.

2009년 방송법 일률 개정과 관련한 투표 중 여야가 충돌했다느니 대리투표가 벌어졌다느니 하는 뉴스로 떠들썩한 적이 있었다. 화제가 된 영상들을 보며 자연스레 국회의사당 관람 때 보았던 의석배치도를 기억해냈다. 복기해낸 기억 속의 의석배치도와는 달리 영상 속의 그들은 대부분 제자리를 지키고 있지 않았고, 많은 의원들이 의장석 앞에 누구 하나 구분하기 힘들 정도로 뒤엉켜 있었다. 뒤엉킨 모습을 보며 로마의 투기장, 콜로세움, 혹은 현대의 화려한 격투기 이벤트가 열리는 링을 떠올린 건 어쩌면 당연했다. 천장에 달린 화려한 365개의 등에서 뿜어나오는 불빛이 뒤엉킨 그들을 환하게 비치고 있었다. 회의장 정면에 달린 2미터가 넘는 무궁화 동판—이것도 가이드가 떠들어낸 자잘한 지식들 가운데 용케 기억해낸 것이다—은 그들의 호승심을 더욱 불타오르게 했으리라. 오랜 기간 동안 제 기량을 인정받은 이름 있는 선수들과 감독급 원로 선수들은 한눈에 경기를 가장 잘 관전할 수 있는 뒷자리에 앉아 있거나 서서 자신들끼리 담소와 전략회의에 푹 빠져 있었다. 경기는 김형오 심판의 "미디어법 재투표!"라는 구호에 맞춰 시작되었다.

국회의사당 본회의장 안에서 그들이 오순도순 동료들과 부대끼며 자리하는 모습에 대한 관찰은, 그들이 실질적으로 어디에 거주하는가에 대한 궁금증으로까지 나아갔다. 처음에 그것은 약간 바보 같은 질문처럼 느껴지기도 했다. 전국의 지역구에서 선출된 그들이 당연히 당선된 지역구 어딘가에서 살지 다른 어디에서 산단 말인가? 하지만 앞에서 살펴본 격투 영상에서처럼 의정 활동 중에 본래 정해진 자신들의 자리가 때로는 아무 의미를 갖지 못하거나 뒤엉켜버리듯이, 이들이 사는 곳도 실제로는 어떨지 모를 일 아닌가. 물론 선관위에 이들이 제출한 주소지는 제각각 자신들의 지역구에 위치해 있다. 그러나 인터넷 검색창에 이들 의원들의 이름과 '자택'이라는 검색어를 함께 입력했을 때의 결과들은 사뭇 다르다. 물론 의원들의 의정 활동은 주로 국회에서 이루어지니 그들에게 서울에 지낼 곳이 필요한 것이야 당연한 일이다. 그런 것까지 트집을 잡는다면 너무 야박하다. 그렇다고 여의도에 의원 기숙사를 만들거나 회기 때마다 근방에 숙소를 잡으라고 할 수도 없는 일 아닌가. 그렇지만 앞으로는 서울의 주거지도 선관위에 함께 등록했으면 한다. 지역구의 유권자들이 자신들의 해당 지역구 의원을 만나려고 선관위에 등록된 주소로 찾아갔을 때 늘 허탕만 쳐서야 되겠는가. 그들을 방문하는 김에 강남 구경도 좀 하고 가면 좋을 듯하다.**프로젝트 c 참조 / 84~93쪽**

투어를 끝마치고 나오면서 뒤돌아본 국회의사당은 여전히 그 웅대한 위상을 자랑하고 있었다. 24개의 기둥이 떠받치고 있는 거대한 청색 돔. 한 가지 덧붙이자면, 이 돔이 없는 국회의사당은 상상하기 힘들지만 최초 설계 때부터 존재하던 것은 아니었다고 한다. 로마 판테온의 돔을 모델로 만들어진 미국의 국회의사당The U.S. Capital을 보고 우리나라의 국회의사당도 그런 위엄이 있어야 된다고 믿었던 당시 국회의원들의 강력한 요구에 의해서 급히 디자인이 변경된 것이다. 그 청색의 돔 아래 모이는 그들을 두고 우리는 '공공'의 심복이라고 부른다. 청계천과 광화문의 광장은 최신 '공공' 디자인으로 만들어지고, 서울 시청 앞은 '공공'의 쉼터로 제공되고 있다.

우리는 지난 월드컵과 촛불의 행렬에서 다수 혹은 대중이라는 말 뒤편으로 희미해지곤 했던 개인의 자각과 참여가 이전과는 다른 모습으로 드러나는 것을 목격했다. 2002년의 모습은 단지 학습된 국가주의에 의해 충동된 국가 대표팀에 대한 열광에서 비롯된 것이라 하더라도, 그리고 2008년 또한 그 자각이 단지 먹거리의 위협에서 시작된 것이라고 하더라도, 그것이 '광장'의 의미와 기능을 복원하려는 시도였다는 점에서 곰곰이 되씹어봐야 하지 않을까. 설령 지금 우리에게 그때의 광장은 사라져버리고 없다고 해도 아쉬워할 필요는 없을 것이다. 우리가 자각하는 순간, 광장은 어디에나 생겨날 것이다.

P.S. 모두가 우리처럼 궁금증을 이기지 못하고 국회 투어에 자신들의 소중한 시간을 할애할 수 있는 것은 아닐 것이다. 그런 이들을 위해, 스마트폰이 대세인 최근의 경향에 발맞추어, 아이폰의 앱스토어에는 국회 애플리케이션이 등장했다. 국회의원들의 사진, 연락처, 보좌진, 홈페이지 등 그들과 소통하기에 긴요한 정보들을 모두 담고 있으며 정당별, 지역별, 위원회별로 다양한 기준의 목록을 살피거나 '관심의원' 목록에 의원들을 등록해 자신이 좋아하는 의원들을 따로 관리(?)할 수도 있다. 스마트폰 애플리케이션인지라, 홈페이지에 바로 연결해서 살펴볼 수도 있고, 제공된 전화번호로 바로 전화해서 그들과 대화를 나눌 수도 있다. 이제 텔레비전에서 강렬한 이벤트를 중계해줄 때 그저 보고 즐기기만 할 것이 아니라 직접적인 참여를 통해 그들에게 그때그때 격려나 전략 전술을 가르쳐주는 조언을 보낼 수도 있다.

5월 2일	5월 17일	5월 31일	6월 3일	6월 5일	6월 10일	6월 13일	7월 5일	7월 23일	8월 5일
20,000 명	60,000 명	100,000 명	40,000 명	100,000 명	700,000 명	20,000 명	300,000 명	3,000 명	30,000 명
10,000 명	15,000 명	40,000 명	10,000 명	35,000 명	80,000 명	8,000 명	50,000 명	900 명	900 명

○ 주최측 추산 시위대 인원   ● 경찰 추산 시위대 인원

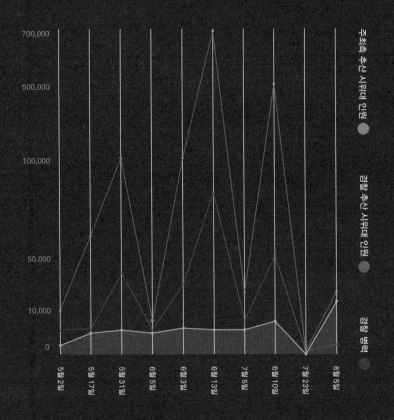

Lumimance Flux = 1 lumen

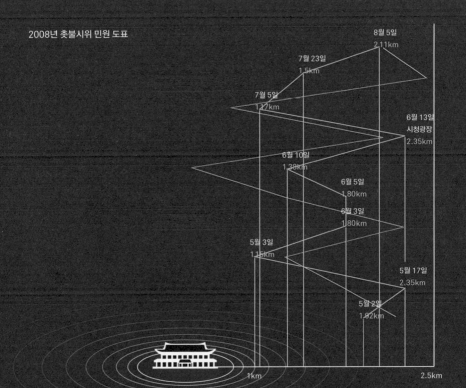

5월 2일	5월 17일	5월 31일	6월 3일	6월 5일
20,000 cd	60,000 cd	100,000 cd	40,000 cd	100,000 cd

6월 10일	6월 13일	7월 5일	7월 23일	8월 5일
700,000 cd	20,000 cd	300,000 cd	3000 cd	30,000 cd

2008년 촛불시위 민원 도표

8월 5일
2.11km

7월 23일
1.5km

7월 5일
1.17km

6월 13일
시청광장
2.35km

6월 10일
1.38km

6월 5일
1.80km

6월 3일
1.80km

5월 3일
1.15km

5월 17일
2.35km

5월 2일
1.92km

1km   2.5km

───── 청와대까지 거리
───── 주최측 추산 시위대 인원

서울광장 잔디밭 = 6,449 m² = 10,000명 수용 가능

5월 2일

20,000 =  × 2 = 12,898 m²

5월 17일

60,0000 = × 6 = 38,694 m²

5월 31일

100,0000 = × 10 = 64,490 m²

6월 3일

40,000 = × 4 = 25,796 m²

6월 10일

700,0000 = × 70 = 451,430 m²

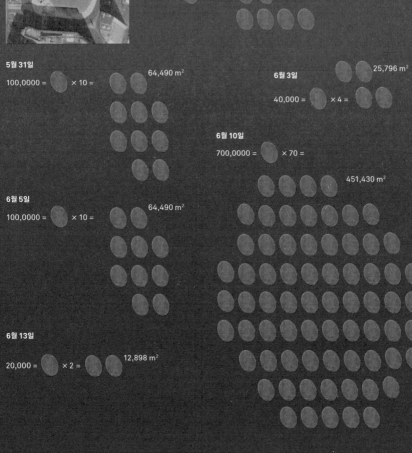

6월 5일

100,0000 = × 10 = 64,490 m²

6월 13일

20,000 = × 2 = 12,898 m²

7월 5일

300,0000 = × 30 = 193,470 m²

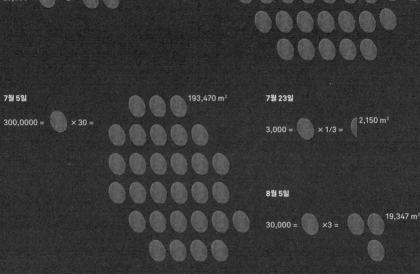

7월 23일

3,000 = × 1/3 = 2,150 m²

8월 5일

30,000 = × 3 = 19,347 m²

언론사별 촛불문화제 관련기사 보도시간(2008년 5월 2일 ~ 2008년 8월 6일)

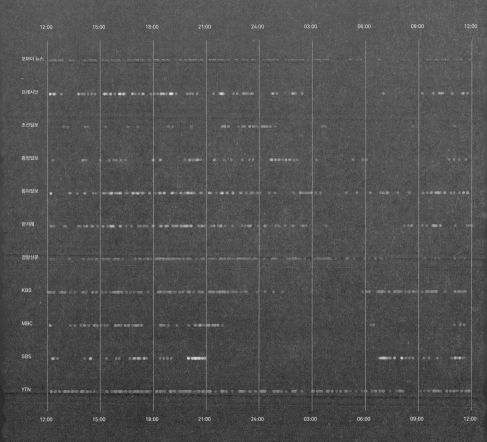

"밧줄상인가 쏘로 무지비한 충돌이 있었다 (2008.8.2 00:00)"
최반규모 촛불 물결...한국총-서대론론라리 발불 맞붙 (2008.6.10 23:58)

"예비 0시부터 천투 박병 24일 모독및 (2008.5.17 16:44)"

"MB타도 100일 맞 시위 장오막 끝나 한다" (2008.6.11 20:28)

"'방패'로 시위대 '공격'은 위법" (2008.6.3 19:26)

플란 진압 반대하며 폭죽 쏘는 촛불시위대 (2008.7.20 10:23)
불법-폭력시위 없다...관계부처 대국민담화 (2008.6.29 15:13)   정운천 "국민면 사퇴하리 나왔다" (2008.6.10 20:53)

"역관 '물붙긴' 촛불 시위차 2명 영장 (2008.8.3 4:08)
누대통령 "다치는 사람 없게 한껏 기려라" (2008.6.10 12:12)   "국정쇄신 정부시책여후개요이게 안된다" (2008.5.19 04:50)

"촛불시위 불법·폭력시위 책임 물어야" 63.5% (2008.6.24 3:18)
"촛불시위 국가 손실 2조 육박" (2008.7.9 3:49)   어제도 곳곳서 촛불시위...참가자 규모 갑소세 (2008.6.18 3:13)
"촛불 안끄면 부리는 집헤...대한민국 자가기 나섰겠다" (2008.8.10 20:29)

동아일보, 편파보도 도 미라니 "꽉록" (2008.7.9 12:00)   "문 복원 '조례의반발'로 (2008.6.10 23:08)
"자립과 발고사 사건데" 72시간 철야립최 추진 (2008.6.3 20:06)

부시 시경차단 최고수은 단계...후불에 맞물키기 (2008.9.5 7:40)   "현장 10신'촛불 소녀' 돌나 없이만, 유모차 부모 있었었다" (2008.6.10 12:18)
"관계의지 장여기가" 불보도 앞서 (1제계) (제차의 수...)   알방송...'오늘'라이프...' '농기적도관청불과 통합'가능 (2008.5.17 16:04)

경찰, 촛불시위 (주최 측) 소환 (4건) (2008.7.11 12:50)   촛불집회 '소매지도' 걱점 시위대 2명 구속 (2008.6.10 18:13)
관천사 촛불집회 (폭력 정황) (2008.5.18 18:44)

이 이명박이 '한번선이' '사촉' (2008.6.13 10:23)
[돌영상]"이 대통령, 촛불집회 나와 시민을 만나라" (2008.8.10 13:01)   부시 오늘 방한 - 경찰, 경호 '초비상' (2008.8.5 8:22)

전경 "촛불진압 투입을 부당" 양심선언 촉구 (2008.6.13 10:16)
성난 민심, 역사를 다시 쓰다...도심 점령한 촛불 (2008.6.10 19:03)
압병순 '카우스' 촛불집회 앞아 독가 각국회 (2008.7.3 20:55)

정부 발표는 미봉책...반발 여전 (2008.6.3 20:12)
"촛불집회" 새 참여정치 실험 (2008.6.10 12:03)

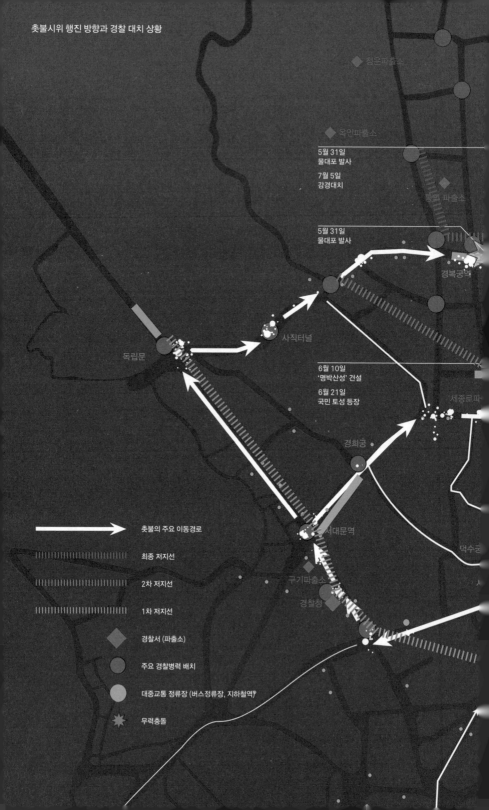

촛불시위 행진 방향과 경찰 대치 상황

청운파출소

옥인파출소

5월 31일
물대포 발사

7월 5일
강경대치

5월 31일
물대포 발사

경복궁역

사직터널

6월 10일
'명박산성' 건설

6월 21일
국민 토성 등장

세종로파

경희궁

덕수궁

독립문

서대문역

구기파출소

경찰청

촛불의 주요 이동경로

최종 저지선

2차 저지선

1차 저지선

경찰서 (파출소)

주요 경찰병력 배치

대중교통 정류장 (버스정류장, 지하철역)

무력충돌

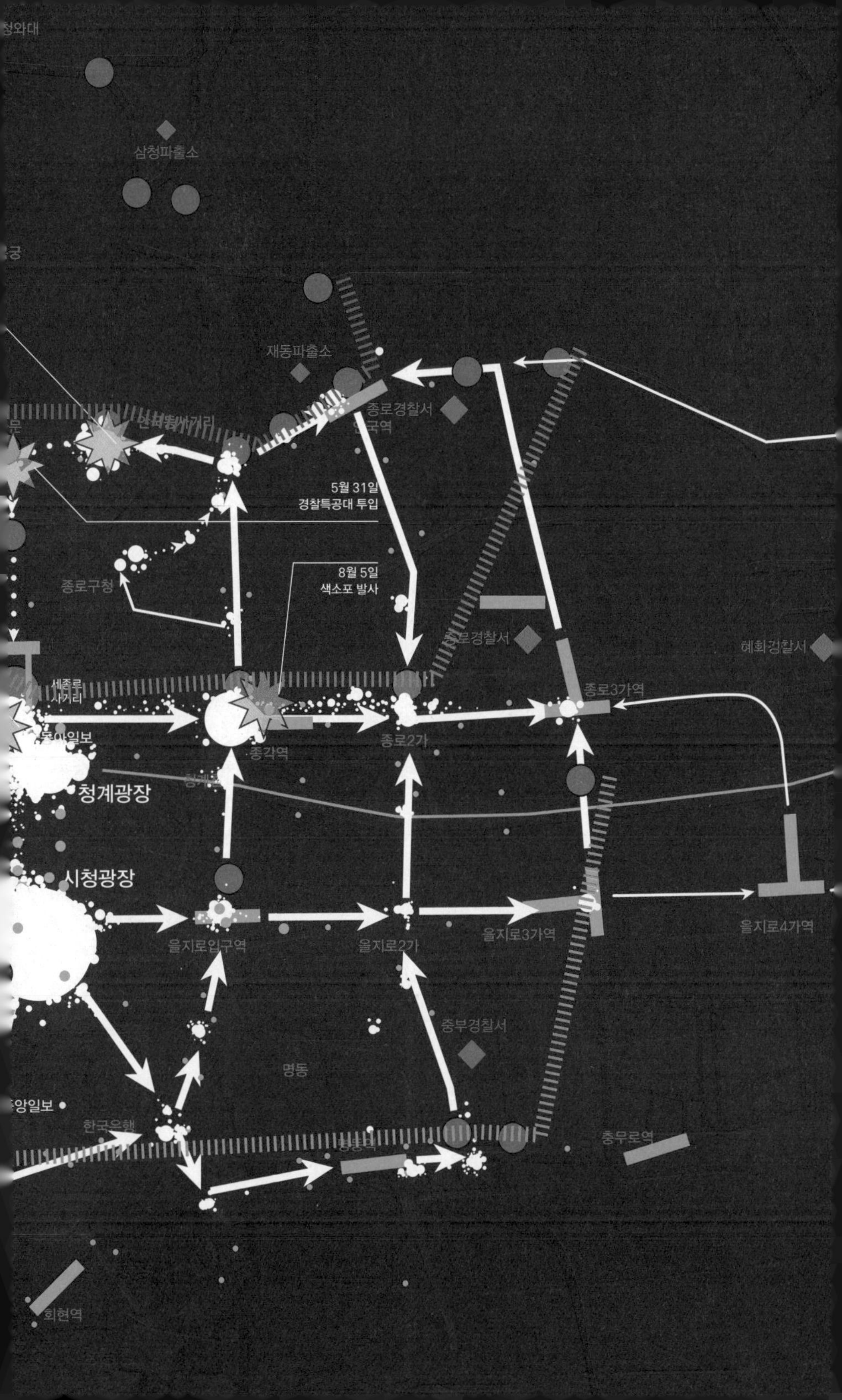

청와대

삼청파출소

재동파출소

종로경찰서
안국역

5월 31일
경찰특공대 투입

8월 5일
색소포 발사

종로구청

종로경찰서

혜화경찰서

세종로
사거리

동아일보

종각역

종로2가

종로3가역

청계광장

시청광장

을지로입구역

을지로2가

을지로3가역

을지로4가역

중부경찰서

명동

중앙일보

한국은행

충무로역

광교

회현역

2008년 5월 2일 금요일

서대문역

광화문

세종로　　경찰병력 3,500명(5개 중대)

종각역

청계광장

제1차 촛불문화제

20,000명 (주최측)
10,000명 (경찰측)
19:00~21:45

가두행렬 없었음

을지로 사거리

시청광장

서대문역

광화문

세종로

종각역

청계광장

시청광장

시청광장에서의
촛불 문화제

60,000명(주최측)
15,000명(경찰측)

19:00~22:00
가두행렬 없었음

을지로 사거리

경복궁 앞

70명 시위 도중
전원 연행

1차 저지선 뚫고
경복궁 방향으로
진행

서대문역

19:00 시청광장서
촛불 문화제 시작

100,000명(주최측)
40,000명(경찰측)

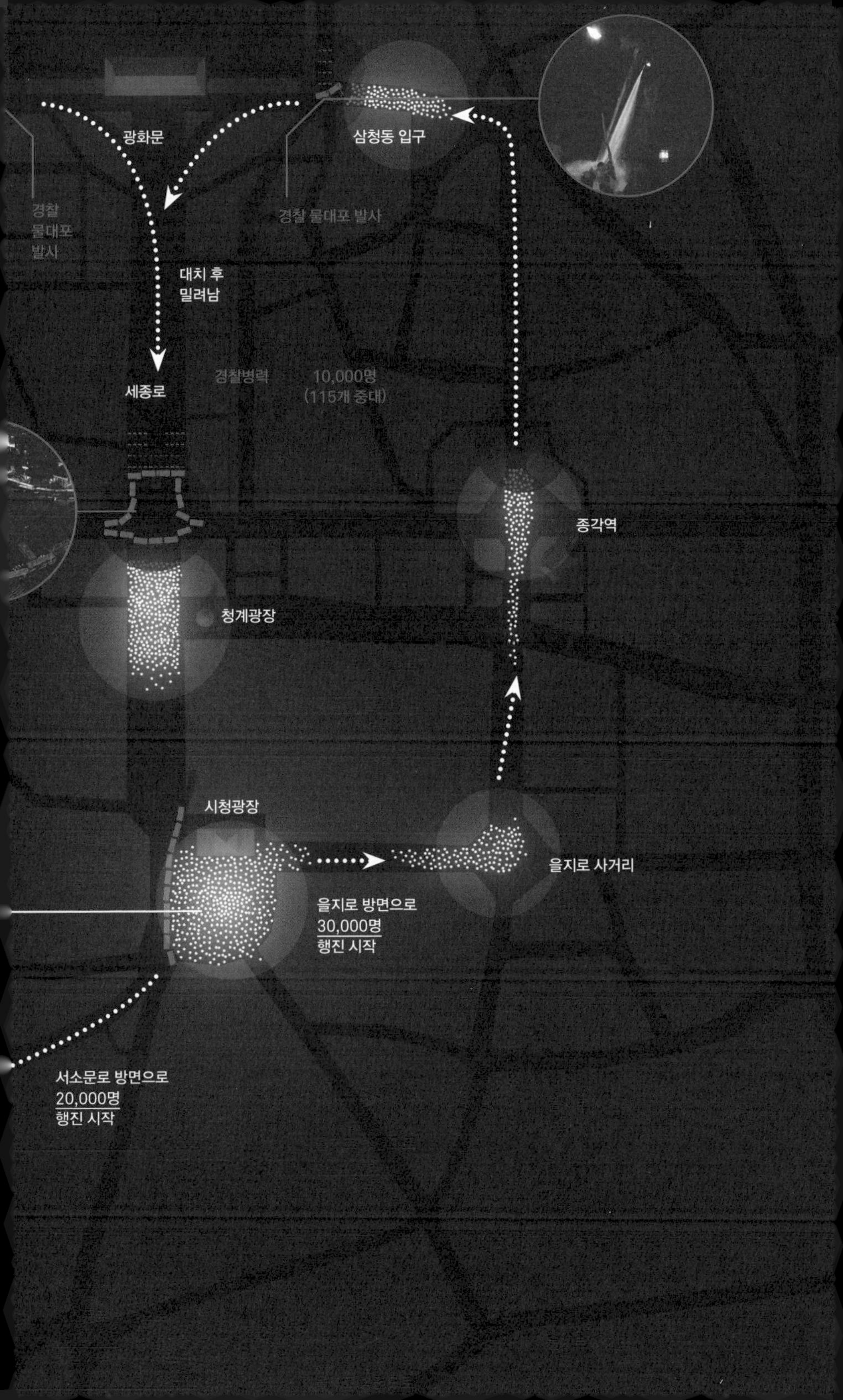

광화문

경찰
물대포
발사

삼청동 입구

경찰 물대포 발사

대치 후
밀려남

세종로

경찰병력   10,000명
           (115개 중대)

종각역

청계광장

시청광장

을지로 사거리

을지로 방면으로
30,000명
행진 시작

서소문로 방면으로
20,000명
행진 시작

경복궁 앞

경찰병력   10,000 명
(115개 중대)

21:10
서대문 사거리에서 경찰과
대치

서대문역

21:30
1차 저지선을 뚫고
경찰청 앞에서 시위

어청수 퇴진 요청

경찰청

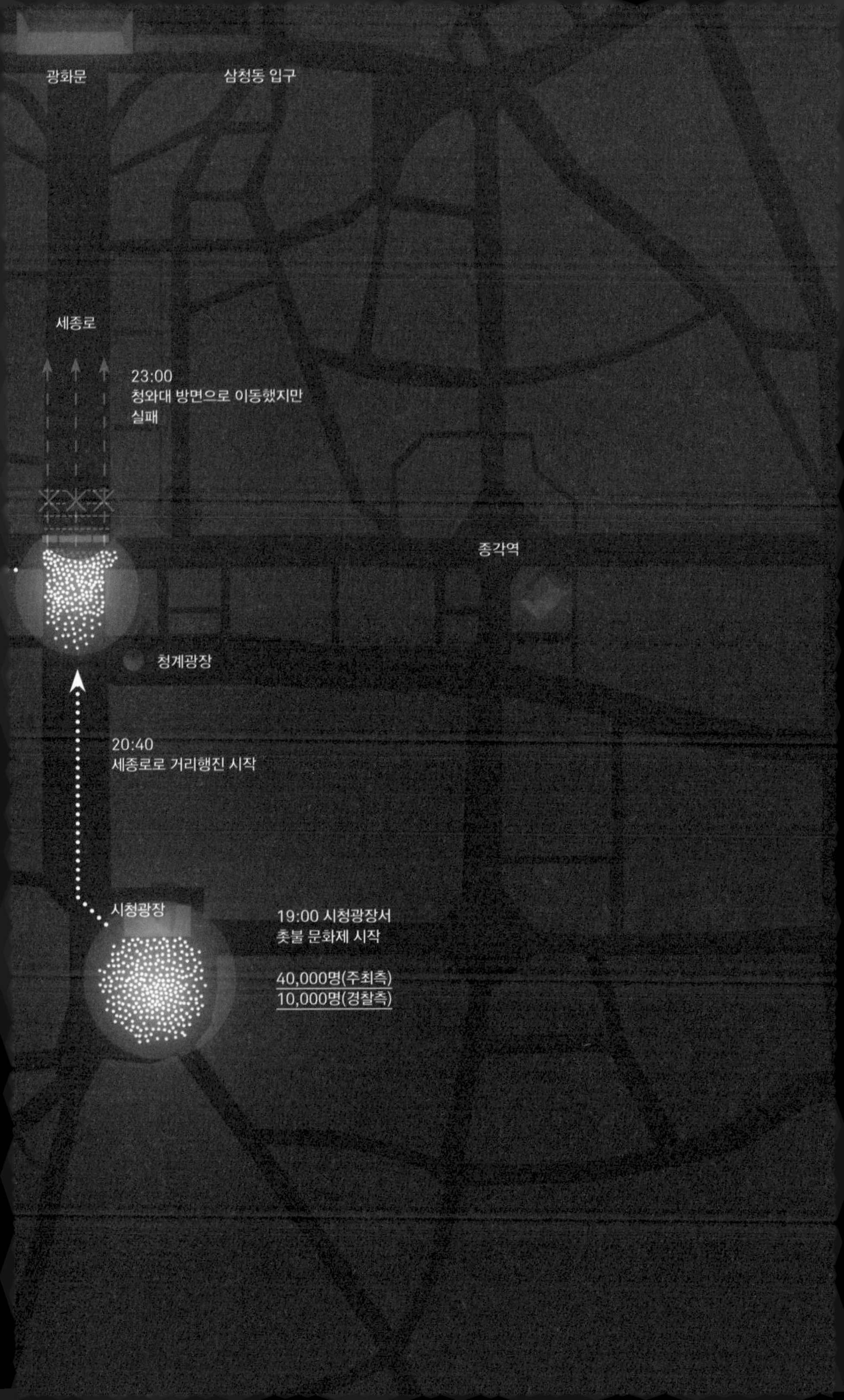

광화문　　　　　삼청동 입구

세종로

23:00
청와대 방면으로 이동했지만
실패

종각역

청계광장

20:40
세종로 거리행진 시작

시청광장

19:00 시청광장서
촛불 문화제 시작

40,000명(주최측)
10,000명(경찰측)

2008년 6월 5일 목요일

경찰병력   13,000명   경복궁 앞   광
(135개 중대)

세

22:00
경찰 저지선을 피해
서대문 방향으로 이동

시청광장

23:00
1,500여 명
경찰과 대치

19:00 시청광장서
촛불 문화제 시작

100,000명
35,000명

서대문역

경찰청

20:40
남대문 방향으로 거리행진 시작

삼청동 입구

종각역

21:45
경찰과 대치

계광장

17:00
보수단체
시청광장 점거

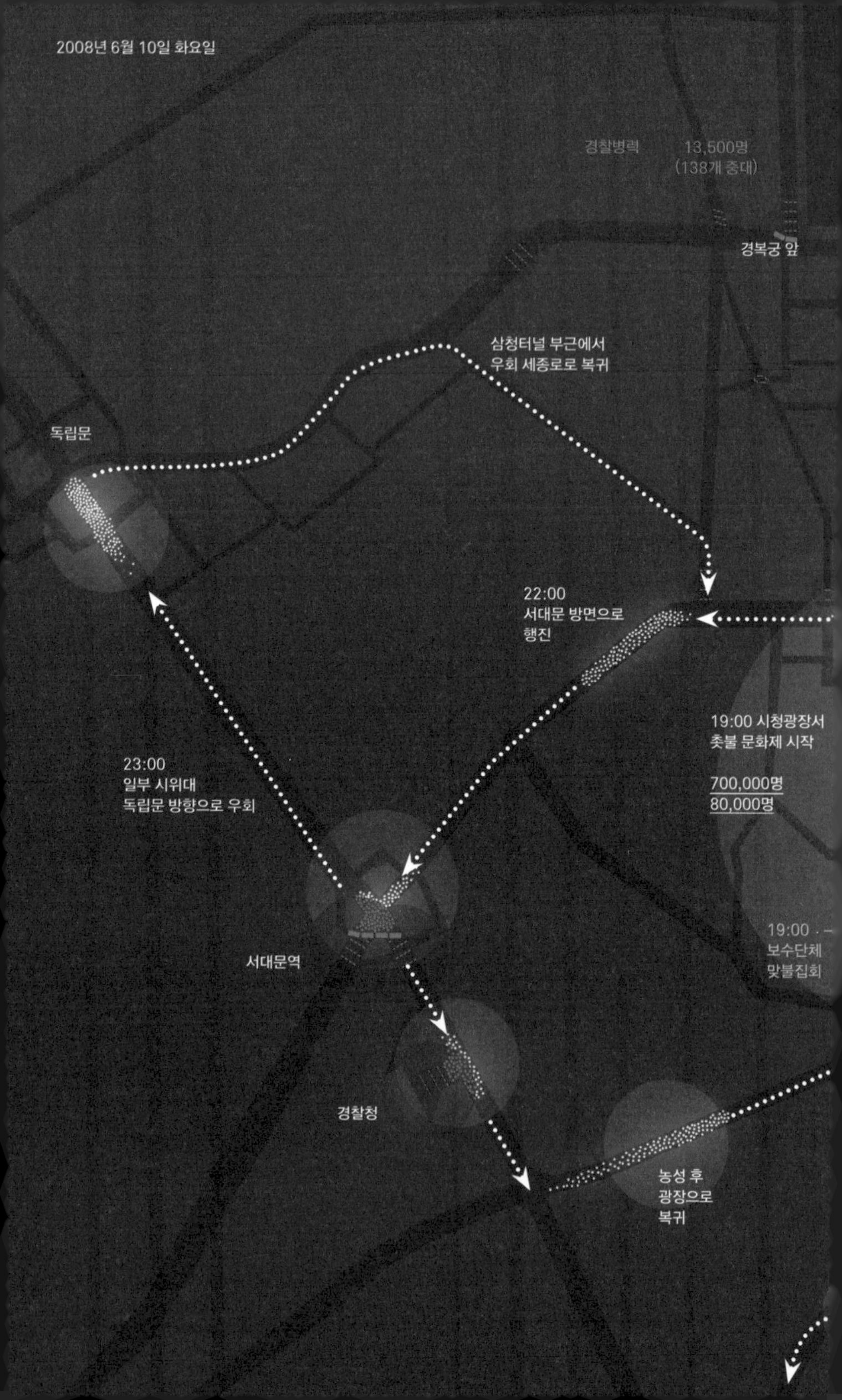

2008년 6월 10일 화요일

경찰병력　13,500명
（138개 중대）

경복궁 앞

삼청터널 부근에서
우회 세종로로 복귀

독립문

22:00
서대문 방면으로
행진

19:00 시청광장서
촛불 문화제 시작

700,000명
80,000명

23:00
일부 시위대
독립문 방향으로 우회

서대문역

19:00 ·
보수단체
맞불집회

경찰청

농성 후
광장으로
복귀

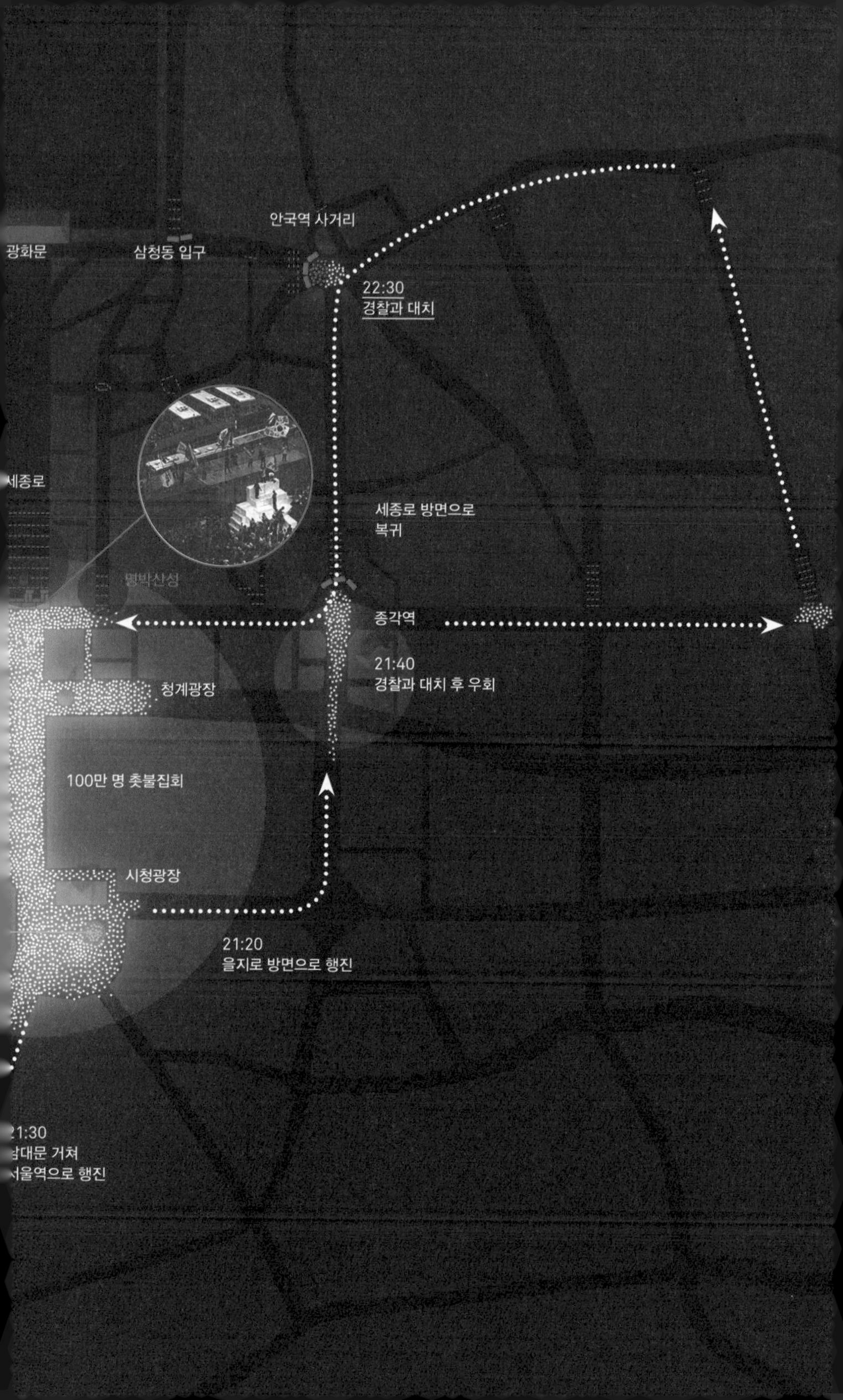

광화문

삼청동 입구

안국역 사거리

**22:30
경찰과 대치**

세종로

세종로 방면으로
복귀

명박산성

청계광장

종각역

**21:40
경찰과 대치 후 우회**

100만 명 촛불집회

시청광장

**21:20
을지로 방면으로 행진**

21:30
남대문 거쳐
서울역으로 행진

여의도
KBS, MBC
방면으로 이동

서대문역

22:00
촛불 문화제 종료 후
여의도로 이동

광화문

세종로

청계광장

보수단체

500명
앰뷸런스 120대 대동,
시위 중인 시민 폭행

시청광장

**시청광장에서의
촛불 문화제**

20,000명(주최측)
8,000명(경찰측)

19:00~22:00

시청광장

여의도

2008년 7월 5일 토요일

경복궁 앞

경찰병력   10,000명
          (120개 중대)

**시청광장,
청계광장서
촛불 문화제
시작**

18:00
300,000명(주최측)
50,000명(경찰측)

시국미사(19:00)
평화적 시위 권고

서대문역

경찰청

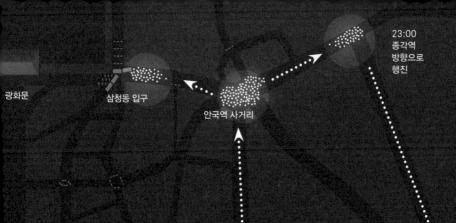

광화문

삼청동 입구

안국역 사거리

23:00
종각역
방향으로
행진

세종로

종각역

22:00
종각역 사거리에서
경찰 저지선 뚫고
안국역으로 진행

청계광장

시청광장

을지로 입구

21:55
을지로를 거쳐
가두행진

20:30
명동 방면으로
거리행진 시작

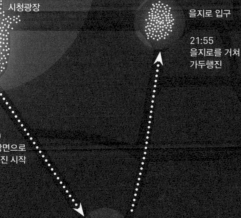

명동

광화문　　　삼청동 입구　　　안국역 사거리

조계사에서
소규모 집회
19:30
250명

세종로

청계광장　　3,000명(주최측)
　　　　　　　900명(경찰측)

시청광장

시청광장 원천봉쇄

20:30
명동 방면으로
거리행진 시작

홍대앞　　　시청광장

여의도

2008년 8월 5일 화요일

경복궁 앞

광화문

George Walker Bush

인천공항 – 청와대 방문

경찰병력   24,000명
                 (227개 중대)

세종로

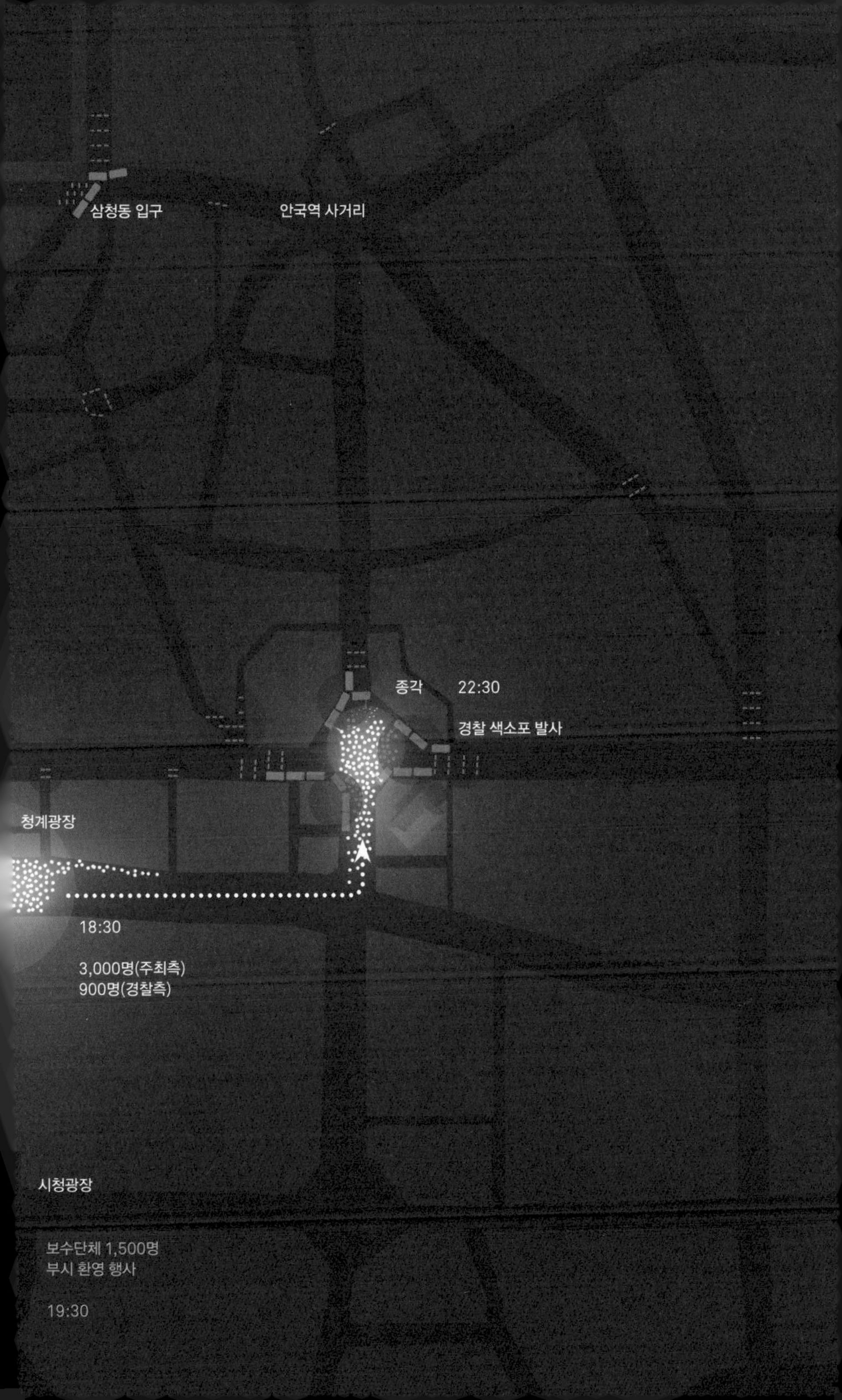

삼청동 입구

안국역 사거리

종각 22:30

경찰 색소포 발사

청계광장

18:30

3,000명(주최측)
900명(경찰측)

시청광장

보수단체 1,500명
부시 환영 행사

19:30

5월 2일

5월 3일

5월 6일

5월 7일

5월 10일

5월 11일

5월 14일

5월 15일

5월 4일   5월 5일

5월 8일   5월 9일

5월 12일   5월 13일

5월 16일   5월 17일

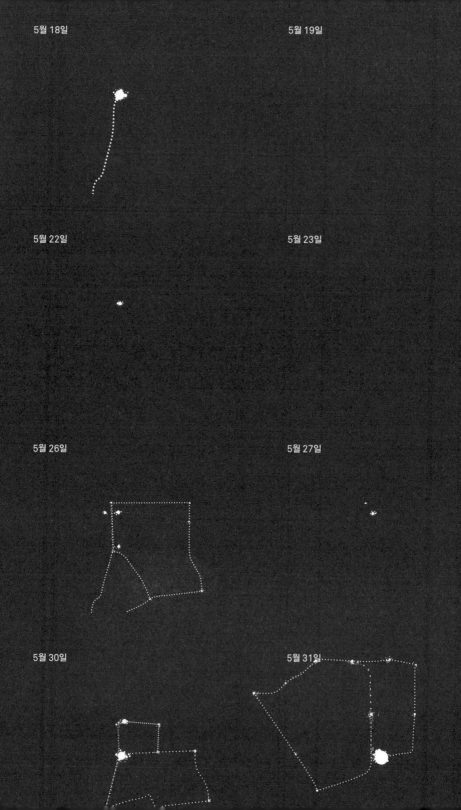

5월 18일

5월 19일

5월 22일

5월 23일

5월 26일

5월 27일

5월 30일

5월 31일

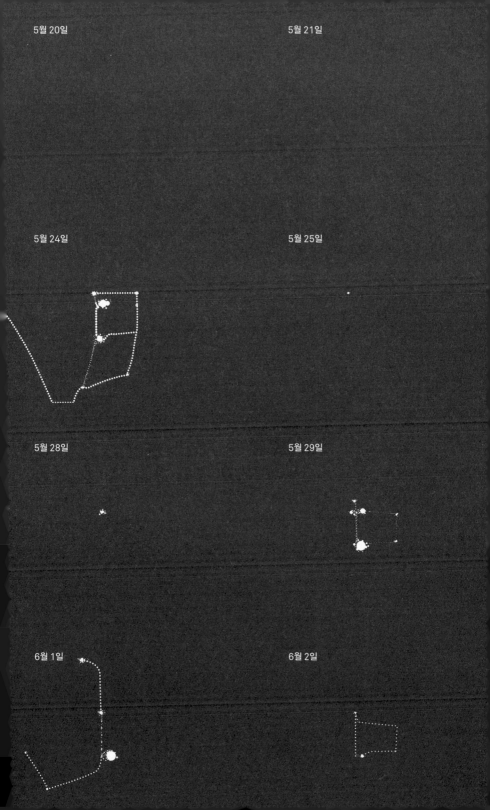

5월 20일

5월 21일

5월 24일

5월 25일

5월 28일

5월 29일

6월 1일

6월 2일

6월 3일

6월 4일

6월 7일

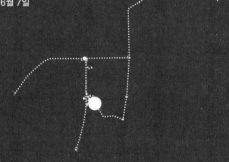

6월 8일

6월 11일

6월 12일

6월 15일

6월 16일

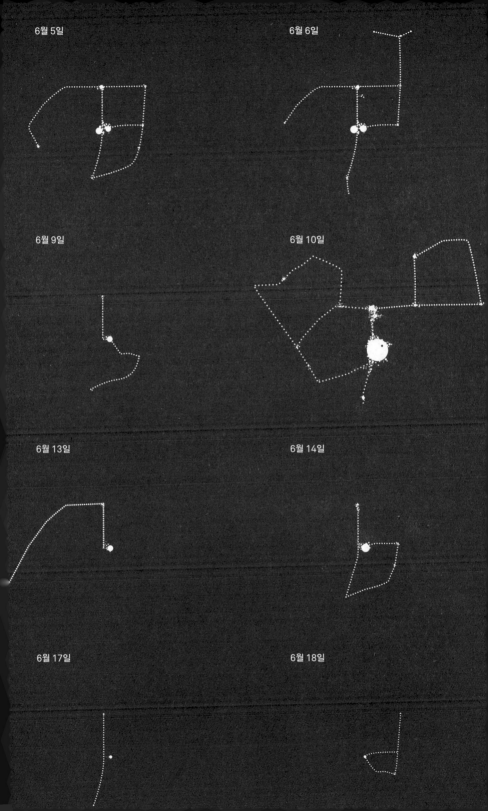

6월 5일

6월 6일

6월 9일

6월 10일

6월 13일

6월 14일

6월 17일

6월 18일

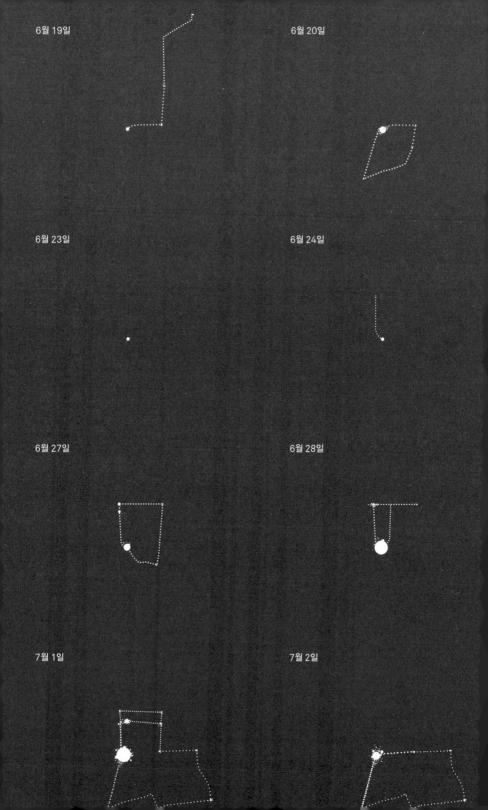

6월 19일

6월 20일

6월 23일

6월 24일

6월 27일

6월 28일

7월 1일

7월 2일

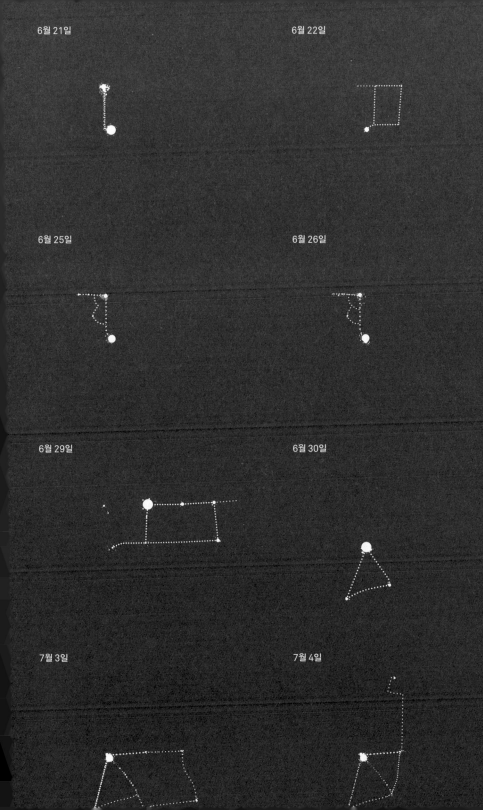

6월 21일

6월 22일

6월 25일

6월 26일

6월 29일

6월 30일

7월 3일

7월 4일

7월 5일

7월 6일

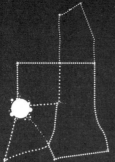

7월 9일

7월 10일

7월 13일

7월 14일

7월 17일

7월 18일

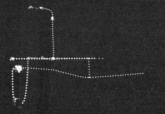

7월 7일

7월 8일

7월 11일

7월 12일

7월 15일

7월 16일

7월 19일

7월 20일

7월 21일

7월 22일

7월 25일

7월 26일

7월 29일

7월 30일

8월 2일

8월 3일

7월 23일

7월 24일

7월 27일

7월 28일

7월 31일

8월 1일

8월 4일

8월 5일

8월 6일

8월 7일

8월 10일

8월 11일

8월 14일

8월 15일

8월 18일

8월 19일

8월 8일

8월 9일

8월 12일

8월 13일

8월 16일

8월 17일

8월 20일

8월 21일

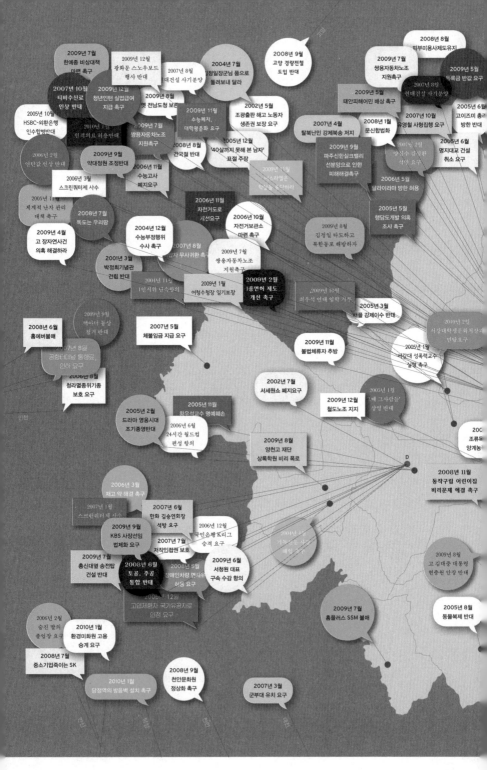

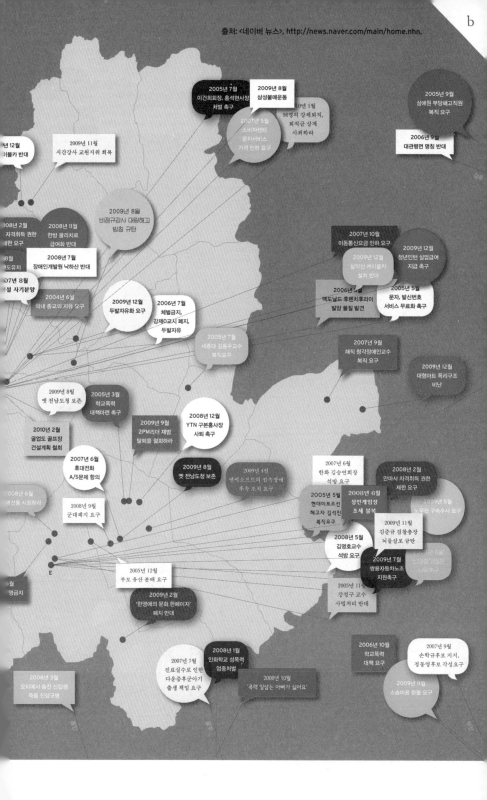

b

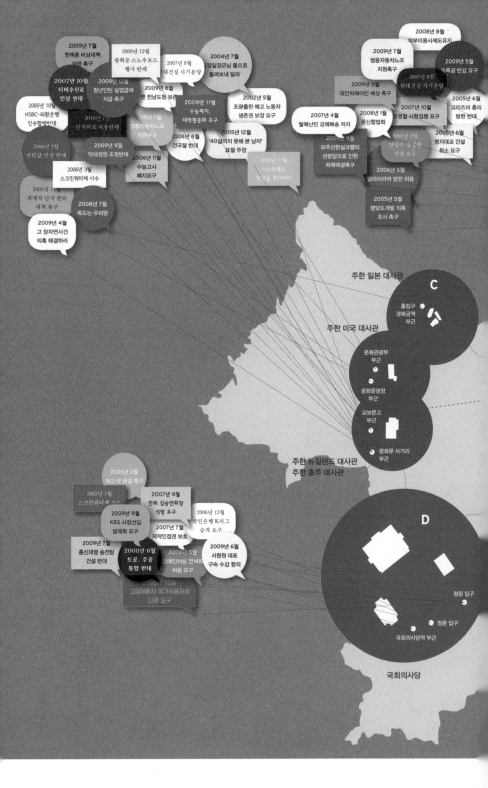

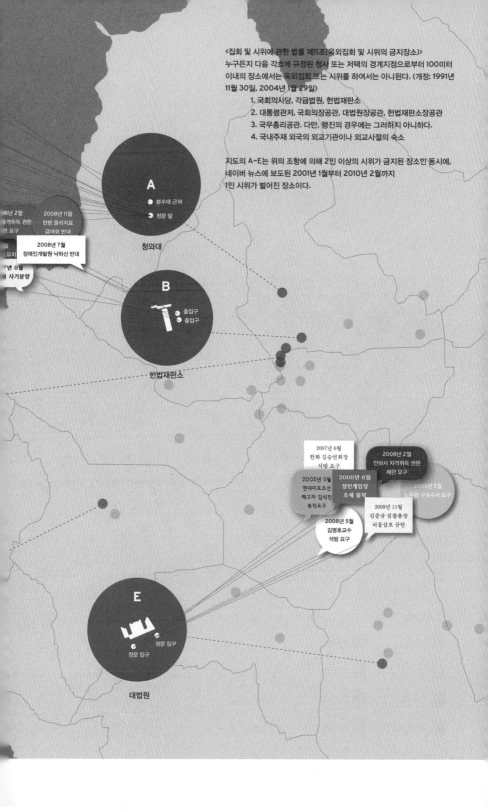

<집회 및 시위에 관한 법률 제11조(옥외집회 및 시위의 금지장소)>
누구든지 다음 각호에 규정된 청사 또는 저택의 경계지점으로부터 100미터
이내의 장소에서는 옥외집회 또는 시위를 하여서는 아니된다. (개정: 1991년
11월 30일, 2004년 1월 29일)

　　　　1. 국회의사당, 각급법원, 헌법재판소
　　　　2. 대통령관저, 국회의장공관, 대법원장공관, 헌법재판소장공관
　　　　3. 국무총리공관. 다만, 행진의 경우에는 그러하지 아니하다.
　　　　4. 국내주재 외국의 외교기관이나 외교사절의 숙소

지도의 A~E는 위의 조항에 의해 2인 이상의 시위가 금지된 장소인 동시에,
네이버 뉴스에 보도된 2001년 1월부터 2010년 2월까지
1인 시위가 벌어진 장소이다.

A
● 분수대 근처
● 정문 앞
청와대

B
● 출입구
● 출입구
헌법재판소

E
● 정문 입구
● 정문 입구
대법원

8년 2월
격취득 권한
반 요구

2008년 11월
한방 물리치료
급여화 반대

2008년 7월
장애인개발원 낙하산 반대

유지

년 8월
사기분양

2007년 6월
한화 김승연회장
석방 요구

2008년 2월
안마사 자격취득 권한
제한 요구

2005년 5월
현대미포조선
해고자 김석진
복직요구

2008년 6월
정인계임장
조세 봉복

2009년 5월
노무현 구속수사 요구

2008년 5월
김명호교수
석방 요구

2009년 11월
김준규 검찰총장
뇌물살포 규탄

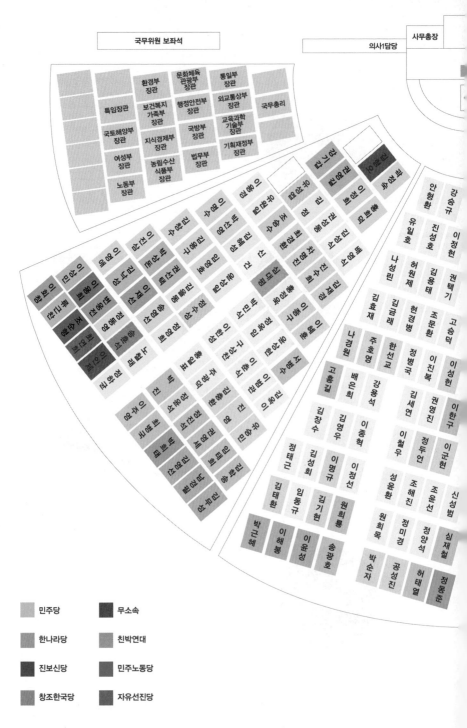

국회의원 자리배치도 (본회의당)

C

국회소속기관 간부석

현기환
신영수
강길부 전여옥
손숙미 조진래 김정권 유정복
유정현
김학용 김성수
이범래 여상규
조전혁 황영철 이은재
정해걸 권경석
서상기 유기준 최구식 윤석용
이계진 신상진
박보환 안효대 황진하 김광림 백성운
손범규 주성영 이경재
김성조 장광근 이상득 홍사덕 홍준표 박종근

초선
2선
3선
4선
5선
6선
7선

이윤성 부의장이 투표를 종료하려고
하자, 3표가 모자라 부결되므로
김효재, 최구식 의원이 계속 투표를
하라고 소리침
16:02:00

이정희 의원이 한나라당
의원들에게 끌려나감
15:42:00

안형환
투표함

나경은 의원석에서
투표함 16:08:36

돌아다니면서
모니터를 내

이종혁 의원석에서
투표함

앞쪽 당소속 의원들의
상황을 지켜보고 있음

한나라당 안상수 의원
재투표에 대해서 항의
민주당 정세균 의원

방송법 일부개정법률안 대리투표 (2009년 7월 22일 오후 3:00~4:30)

재석의원이 부족해 표결이 불성립 되었다며 재투표를 선언하자 조정식 의원이 의장석으로 몸을 던져 의사진행을 막으려 함
15:36:00

강봉균 의원석에서 투표함

박상은 의원석에서 투표함

이범래 의원석에서 투표함

의원은 단상 앞에 재석처리 됨

여상규 의원석에서 투표함

김소남 의원석에서 박종근 의원이 투표하자 우윤근 의원이 항의함

박선영 자유선진당 의원은 토론을 할 수 없게 되자 김형오 국회의장을 비난했다. 하지만 끝내 토론발언은 하지 못했...

박선영 의원이 토론발언을 얻지 못해 김형오 국회의장을 비난함

2010년 예산안 투표 (2009년 12월 31일 오후 8:00~9:00)

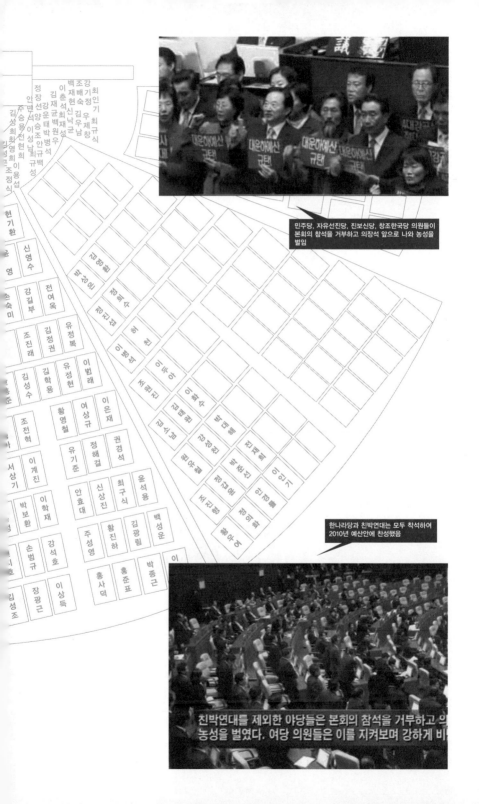

백재현 조기석 강기정 최인기
이춘석 배재정 정인기 최규식
조현신 양윤경 최재성 김우남
정장선 김재균 김재윤 김제남
안민석 신낙균 백원우
주승용 전현희 이성남 이윤석 박병석
김성희 최영희 이용섭 박병석
조정식

현기환

신영수

강길부 전여옥

조진래 김정권 유정복

김성수 김학용 유정현 이범래

조전혁 황영철 여상규 이은재

이계진 유기준 정해걸 권경석

박보환 이학재 안효대 신상진 최구식 윤석용

손범규 강석호 주성영 황진하 김광림 백성운

창광근 이상득 홍사덕 홍준표 박종근 이

민주당, 자유선진당, 진보신당, 창조한국당 의원들이
본회의 참석을 거부하고 의장석 앞으로 나와 농성을
벌임

한나라당과 친박연대는 모두 착석하여
2010년 예산안에 찬성했음

친박연대를 제외한 야당들은 본회의 참석을 거부하고 의
농성을 벌였다. 여당 의원들은 이를 지켜보며 강하게 비

국무위원 보좌석

사무총장

의사1담당

국무위원 보좌석

통일부
장관

문화체육
관광부
장관

환경부
장관

외교통상부
장관

행정안전부
장관

보건복지
가족부
장관

특임장관

국무총리

국토해양부
장관

교육과학
기술부
장관

국방부
장관

지식경제부
장관

여성부
장관

기획재정부
장관

법무부
장관

농림수산
식품부
장관

노동부
장관

선거구 내 자택과 별도로 서울에 집을 소유한 의원

선거구 내 자택과 별도로 서울 강남구와 서초구에 집을 소유한 의원

국회의원 선거구별 주소

의사국장

의사과장　의사2담당　의사직원

국회소속기관 간부석

지역구 국회의원 중 서초구, 강남구에 자택을 소유한 인원 총 47명 : 서초구(23명) +

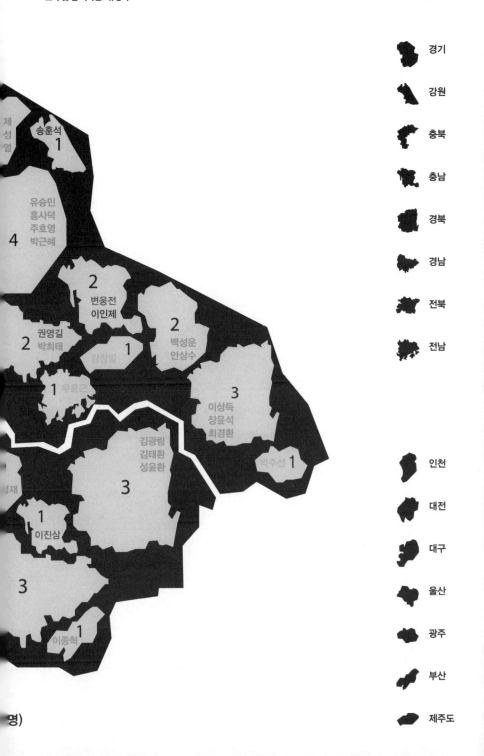

조사 및 맵 디자인: 유성미

제
성
열

송훈석
1

유승민
홍사덕
주호영
박근혜
4

2
변웅전
이인제

권영길
박희태
2

1
강창일

2
백성운
안상수

1 우윤근

3
이상득
장윤석
최경환

김광림
김태환
성윤환
3

박주선 1

1
이진삼

3

1
이종혁

경기

강원

충북

충남

경북

경남

전북

전남

인천

대전

대구

울산

광주

부산

제주도

명)

3 어둠의 강을 건너 하데스의 왕국으로

그리스 신화에서 지하세계는 죽은 자들의 땅이다. 죽은 자의 영혼은 헤르메스의 인도에 의해 아케론 강이 코키터스 강으로 흘러드는 지하세계의 입구로 가게 되고 거기서 지하세계의 뱃사공인 카론의 배를 타고 지하세계로 들어가게 된다. 죽은 자만이 갈 수 있는 곳. 살아서는 갈 수 없는 세계. 보이지 않는 사람이란 의미의 이름을 가진 하데스가 다스리는 세계. 오래도록 우리에게 지하라는 곳은 내쫓긴 자들, 현실에서 사라진 자들, 죽은 자들의 공간이었다. 봉준호의 '괴물'이 사로잡은 사람들을 지하 하수구로 끌고 들어갔던 것처럼, 지하는 우리에게 공포와 두려움으로 포장된 공간이었다. 카타콤의 옛이야기들이나 에밀 쿠스트리차Emir Kustrica의 〈언더그라운드Underground〉 같은 영화에서 지하세계는 힘없는 이들이 숨어들어 박해나 거대한 폭력이 끝나기만을 기다리던 공간이며, 프리츠 랑Fritz Lang의 〈메트로폴리스Metropolis〉에서는 자본가들의 지배를 받는 노동계급이 거주하는 세계였다. H. G. 웰스Herbert George Wells의 『타임 머신The Time Machine』에서는 흥미롭게도 지상과 지하 사이의 지배관계가 역전되어 나타나지만 어느 쪽이건 여전히 지하세계는 범접하지 말아야 할 터부의 공간이었다. 그러던 땅 밑으로 이제는 수백만의 사람들이 매일의 일상을 오가고, 모자라는 개발 공간의 압박을 피해 더욱더 깊이 파 들어가고 있다. 서울의 지하 공간, 따로 떼어놓아도 도시라고 부를 수 있을 만한 공간들이 집합된 총체로서의 '언더월드Underworld'는 도시를 살아가는 우리에게 이제 피할 수 없는, 오히려 즐겨야 할 공간이다.

언더월드

2005년 4월 중순, 여의도 버스 환승 센터 건설 현장의 사람들은 오래된 녹색 철문을 바라보며 고민에 빠져들었다. 어디에도 기록이 남아 있지 않는 공간. 그 철문 너머에는 두 개의 화장실과 대형 대피실, 세 개의 비상용 탈출구, 그리고 고급 소파가 놓여 있는 180평 크기의 음습한 콘크리트 지하 벙커가 있었다. 서울시도, 국방부도, 국가정보원도, 아무도 알지 못한다는 (발표가 난센스에 가깝긴 하지만) 이 공간은 대체 언제 만들어졌고, 누구를 위한 것이었을까? 의문투성이였던 이 벙커는 결국 1976년경에 청와대 경호실에 의해서 만들어진 비밀 벙커였음이 잠정적으로 밝혀졌다. 굿모닝 신한증권 앞 도로 지하에서 발견된 이 벙커는 여의도 광장과 흥미로운 연결 지점을 드러낸다.

1970년대 초 박정희 대통령에 의해 서울시 장기개발계획의 일환으로 여의도에 들어선 5·16 광장은 그 이름에 걸맞게 국군의 날 퍼레이드 장소로 오랫동안 사용되었으며 이후에도 '국풍 81', '이산가족찾기', '빌리 그레이엄 목사 전도대회' 등 한국적 이벤트가 장대하게 펼쳐졌다. 그러나 실제로 12만 평(396,694m^2)이나 되는 이 아스팔트 광장의 목적은 따로 있었다. 1968년 김신조 사건 이후 급박해지는 안보 정세 속에서 이 공간은 '서울시 요새화 계획'의 일부로 비상시의 군 비행장으로서 기능했다. 그 끝부분에서 발견된 이 지하 벙커는 비상시의 대피소이자 비행장 이용을 위한 대기 공간으로 설계되었을 것으로 추정된다.

당시 정권이 가졌던 공포심은 이를 비롯해 곳곳에 지어진 지하 시설을 통해 그 면면이 드러난다. 『한겨레21』의 보도[1]에 따르면, 1969년 '원조 불도저' 김현옥 서울시장이 '서울시 요새화 계획'이라는 것을 만들고 그 계획의 일환으로 다양한 군사시설을 건설하기 시작한다. 지금은 철거되었지만 한국방송이 1976년 당시 문화공보부의 '충무' 계획에 따라 창덕궁, 선릉, 서오릉, 영휘원 등에 만들었던 방송용 벙커도 그중의 일부다. 지금도 이런 알려지지 않은 지하 시설들이 가끔 발견된다. 2008년에는 불탄 숭례문의 복구 과정에서도 지하 벙커가 발견되었고, 최근에는 대통령의 별장인 청남대의 지하 벙커가 언론에 공개되기도 했다. 지하 3층 깊이의 이곳은 건물 내외부로 연결되며 각각 15센티미터 두께의 철문이 설치되어 있다고 한다.

이렇게 하나둘씩 발견되는 우리나라 근대적 지하 공간들은 공통적으로 지상의 공습을 피하기 위해 숨어드는 공간이었다. 냉전은 실제 전쟁 이상으로 사람들에게 극심한 불안과 공포를 유발했고, 이는 곧 안전한 공간을 구축하려는 노력으로 이어졌다. 지하는 그 요구에 곧장 부응하는 공간이었다. 그런데 군사시설로서의 지하 공간은 그 대상과 목적이 현저하게 한정되어 있다. 전시에 벙커는 주로 군/민간 수뇌부가 안전하고 효율적으로 지휘할 수 있게 해주는 공간이며 주변 병력은 벙커를 방어하는 역할을 한다. 민간인은커녕 대다수의 병력의 경우도 벙커 내부는 구경하기도 어렵다. 그래서 벙커 등의 지하 시설은 권력을 획득한 소수의 개별적 인물들의 특정한 아우라와 결부되어 회자되곤 한다. 후세인, 김일성 부자의 벙커가 그 비근한 예시다. 얼마 전 북한 핵개발 문제가 심각하게 대두되던 무렵에는 언론을 통해 청남대의 벙커 못지않은 탄탄한 핵 대피시설을 갖춘 고급 주택들이 공개되기도 했다.

이제는 많은 이들이 의식하지 못하고 지나치지만, 서울 도심의 모든 지하 공간의 출입구에는 가장 잘 보이는 위치에 '대피소'라는 표지판이 붙어 있다. 모든 지하철역의 출입구와 지하보도, 지하상가 들에 빠짐없이 붙어 있는 이 표지판은, 이 공간들이 어떤 목적으로 처음 만들어졌는지, 그리고 우리가 그 목적을 얼마나 완전히 잊고 사는지를 보여주는 상징물이다. 얼마 전까지만 해도 민방위 사이렌이 울릴 때마다 우리는 도보나 차량을 멈추고, 회사나 학교에서는 책상 밑으로 들어가, 어릴 적부터 닳도록 외우고 훈련받은 비상 매뉴얼대로 움직이곤 했다.

시청 광장을 지나다 보면 지하상가로 내려가는 입구가 있다. 이것이 장장 3.3킬로미터에 이르는 서울시 최장 지하 공간의 시작임을 아는 사

1   「여의도 벙커, 최근까지 관리됐다」, 『한겨레21』 제560호, 2005년 5월 17일.

람이 많지 않다. 시청을 시작점으로 을지로를 횡으로 잇는 이 지하 공간은 1960년대 서울시의 지하 공간 개발에 따라서 조성되기 시작했다. 지하상가가 처음으로 선을 보인 것은 1967년으로 시청 앞 새서울 지하상가가 그 시초다. 그 후 1974년 지하철 1호선의 개통을 계기로 유동 인구의 유입과 함께 본격적으로 지하상가 시대가 열렸다. 이 지하상가를 비롯한 지하 공간들이 본격적으로 냉전에 발맞추어 변모하기 시작한 것은 1970년대 중반 구자춘 서울시장과 대현실업의 신현수의 만남에서부터였다. 신현수는 구 시장에게 도심 한가운데 지하상가를 개발하면서 민간 전시 대피시설의 필요성도 충족시킬 수 있는 방안을 제시한다. 이는 구 시장의 지지와 승인을 이끌어냈고 그때부터 대현실업은 1970~1980년대 군사정권과의 긴밀한 협조 아래 서울 전역의 대표적인 도심 거점에 지하 공간을 개발하고 그 공간을 상가로 분양하기 시작했다. 이 지하상가들은 강북에서 강남으로 경제 주도권이 넘어가기 시작한 1990년대 전반까지만 해도 서울 시내에서 가장 활발한 상권에 속했고, 전성기를 누렸다. 그러나 지금 이 지하 공간은 일부를 제외하면 많은 이들이 이 공간들의 존재조차 알아차리지 못할 정도로 쇠퇴하고 있다.

우리가 지하 공간에 대해 갖는 전형적 인상과 산발적으로 축적된 감각적 편린들은 바로 이들 공간으로부터 경험하고 습득한 것에 가까울 것이다. 축축하고 차가운 공기, 침침한 형광등 혹은 누런 나트륨등 불빛 아래 부옇게 빛나는 콘크리트 벽과 장식성이 떨어지는 타일과 벽돌, 검게 변색된 시멘트 계단과 닳고 칠이 바랜 난간 등. 이들에서 예전 학교, 동사무소 등의 공공 건축이 갖는 무성無性 혹은 중성적인 무미건조함, 기계적 중립의 이미지, 군사시설의 거세된 양식미가 연상되기도 한다. 혹은 영화 뤽베송Luc Besson의 〈서브웨이Subway〉에서 파리 메트로의 이면에서 무리지어 살아가는 아웃사이더들의 모습에서처럼, 공공권력과 거대한 자본의 힘이 아니면 건설될 수 없는 거대한 인프라스트럭처의 틈새에 존재하는 이질적인 공간으로서의 이미지로 인식되기도 한다.

그러나 언제부턴가 지하 공간은 이런 격리된 공간, 공리주의적 무성

공간의 전형이 아니라 가장 고도화한 상업 공간으로 변모하고 있다. 근래 들어 백화점을 비롯해서 대형 지하 쇼핑몰들이 우후죽순 늘어나면서 전형적인 지하의 이미지는 변화하기 시작했다. 하지만 여전히 도시 곳곳에 남아 있는 영세 지하상가와 지하보도는 냉전 시대의 무미건조함과 단조로움을 간직하고 있다. 게다가 대형 지하 쇼핑몰의 등장과 함께 영세 지하상가는 묘한 패배감의 기운마저 감돌고, 지하보도는 낡은 타일 위에 그려진 그래피티와, 보드 연습을 하기 위해 모여든 아이들을 위한 공간으로 정체성을 바꾸어가며 그 존재를 유지하고 있다. 인적이 드문 영세 지하상가와 지하보도를 지날 때 그 음습함과 스산함에 저절로 발걸음이 빨라지는 것도 이상한 일이 아닐 것이다.**프로젝트 a 참조 / 108~117쪽**

멸균 상태의 밀폐된 미로

아침 출근 시간은 하루 중 내가 유일하게 신선한 바깥 공기를 맡을 수 있는 시간이다. 아파트 출입구로 나와 같은 직장인 몇몇이 모여든다. 비슷한 시간대에 같은 지하철역, 같은 칸에 타기 때문에 면식이 있기는 하지만 인사를 하기에는 어색하다. 조금이라도 더 아침 공기를 들이마시고 싶지만, 역세권 아파트에 입주한 탓에 아파트 단지를 나오자마자 입을 벌리고 있는 지하철 입구를 바라보며 아쉬운 발걸음을 계속한다.

아침 출근 시간의 2호선은 언론 등에서도 자주 묘사되듯, 지옥철이라는 별명에 걸맞게 엄청나게 많은 사람들로 붐빈다. 한 발짝 어디 내딛을 공간도 없고, 조금이라도 몸을 돌릴 만큼의 여유도 없다. 비교 자체가 어불성설이라 하더라도 어떤 날은 정말 아우슈비츠로 유태인들을 실어나른 생지옥 열차를 묘사하던 아트 스피겔만Art Spiegelman의 그래픽 노블의 한 장면이 떠오를 정도다. 지하철이 잠실역, 선릉역을 지나자 사람들이 더더욱 물밀듯이 객차 안으로 밀려들고, 누군가가 사람들을 억지로 꾹꾹 눌러 더 많은 사람을 열차에 태우려 한다. 승강장과 승강장의 안내표지판은 사람들에 가려 보이지 않고, 지하철 안내 방송에 귀를 의지하는 수밖에 없다. 사람들을 뚫고 역삼역에 내릴 수 있을까 조바심이 나지만 다행히도 나와 같이 역삼역에 내리는 직장인들이 많아 사람들에 떠밀려 쉽게 내릴 수 있다. 직장인 무리와 함께 승강장 계단을 오른다. 지하철역 내부 곳곳에 붙은, 회사 입구로 향하는 이정표가 어서 출근을 서두르라는 듯 재촉한다. 큰 회전문을 돌아 출근 카드를 찍자 자동으로 유리문이 열리고, 무균질의 사무실이 나를 맞이한다. 다들 어느새 자리에 앉아 화면을 응시하고 있다. 채광을 위한 넓은 창문이 있기는 하지만, 소음과 외부 공기를 막아주는 이중창 덕분에 창밖 공기의 질과 냄새, 온도 등을 전혀 염탐할 수 없다. 아무런 현장음도, 배경음악도 삽입하지 않은 자연 다큐멘터리를 보는 듯, 조용히 해가 지나고 구름이 흐른다. 단지 구름의 이동 속도와 색깔로 바람이 얼마나 부는지, 빗방울이 떨어지는지를 추측할 수 있을 뿐이다.

창밖의 해가 조용히 지고, 동료들이 한두 명 가방을 챙겨 사무실 밖으로 나가는 모습을 보며 퇴근 시간이 다 되었음을 짐작한다. 나도 서둘러 가방을 챙기고 외투를 걸치며 사무실을 나간다. 속도가 무척 빠른 엘리베이터를 타고 지하층에 내려, 아침의 출근 과정을 되밟는다. 카드를 접촉하고 유리문을 나간다. 마치 지상의 신선한 공기가 코로 밀려오는 듯한 착각이 든다. 그리고 아침에 그랬듯이 똑같이 곳곳에 붙은 이정표를 뒤로하고 승강장 계단을 내려가 지하철을 기다린다. '뎅뎅뎅뎅' 지하철이 곧 승강장에 들어온다는 신호음이 울린다. 오랜 2호선 통근으로 터득한 바로는, 내순환선과 외순환선의 지하철 신호음이 조금 다르다. 통근 2년차가 되어서야 겨우 구분이 가능케 되었으니 구분하기가 여간 어려운 것이 아니다. 지하철에는 이미 사당, 방배, 서초를 거치며 태운 직장인들로 그득하다. 그들 틈에 몸을 섞으려니 무의식중에 한숨이 흘러나온다. 크게 숨을 들이키며 객차 안으로 들어선다. 많은 사람들 사이를 비집고 누군가의 낭랑한 목소리가 들려온다. "세제, 비누 아무것도 필요 없습니다~. 차가운 물에 이 스펀지를 적시고 이렇게 살짝 힘을 줘 닦으시면……."

몇 정거장 지나지 않아 저녁 약속이 있는 삼성역에서 내린다. 교통카드를 찍고 개찰구를 나오자마자 벽면에 붙은 성형외과 광고가 번쩍거

린다. 코엑스몰 입구에는 많은 사람들이 모여 레스토랑 출입구에서 대기하고 있기도 하고, 코엑스몰 광장에 놓인 인조 바위 위에 앉아 사진을 찍고 있기도 하다. 살짝 바람이 차다 싶어 올려다보니 푸른 밤하늘이 보인다. 별이나 달 따위는 전혀 보이지 않고, 대신 코엑스몰 근처 고층 빌딩의 사무실 불빛이 청백색으로 빛난다. 저 사무실 직원들은 오늘 야근하나 보다. 조금 늦는다는 친구의 말에 몰 안에 놓인 플라스틱 의자에 잠깐 앉는다. 맞은편 광고판에서는 속옷만 입은 여성 모델의 몸매가 조명을 받아 빛나고, 발 밑에는 프로젝션 영상이 대리석 바닥에 비친다. 지금 몰 안으로 들어왔다는 친구의 메시지를 확인하고, 저녁을 예약한 패밀리레스토랑으로 발길을 향한다. 레스토랑은 텁텁한 조리 열기와 테이블에 앉은 사람들의 수다로 그득하다.

식사를 마치고, 최근 개봉한 영화를 확인하기 위해 메가박스로 향한다. 영화관 입구 앞에는 나이키 운동화가 아크릴 박스 안에 놓인 채 전시되어 있고, 그 위를 어린아이들과 그의 부모들이 노닐고 있다. 창구로 가기 위해서는 또 에스컬레이터를 타고 깊이 내려가야 한다. 창구 앞에는 나와 같은 직장인들과 대학생들로 북적북적하다. 평일 저녁인데도 이미 괜찮은 영화는 매진이라 아쉬움을 뒤로 하고 발길을 돌렸다. 창구 앞 사람들 사이에 끼어 영화표를 구입하려 애를 쓰다 몇 번 허탕을 치고 보니, 피로감이 몰려와 친구와 각자 집으로 가기로 한다. 다시 광장 인조 바위 앞으로 나와 지하철역으로 향한다. 아까보다 하늘빛이 어두워진 것을 보니 밤이 깊었나 보다.

다시 지하철에 몸을 싣는다. 아까와 다르게 사람들이 썰물처럼 떠밀려 나간 듯 지하철이 고즈넉하다. 술에 취해 잠에 곯아떨어진 사람들이 객차 곳곳에 앉아 있고, 누군가는 술로 벌게진 얼굴을 하고 열심히 DMB를 시청한다. 마침 뉴스를 할 시간이라, 나도 귀에 이어폰을 꽂고 DMB 뉴스를 시청한다. 한참을 보다 보니 어느새 내려야 할 때가 되었다. 지하철에서 내려 승강장을 걷는 길에 마트로 향하는 이정표가 파랗게 빛나고 있다. 그러고 보니 장을 봐야 할 시기다. 지하철역과 바로 연결된 통로를 따라 마트로 발길을 향한다. 카트를 끌고 신선 매장부터 조리 식품 코너까지 찬찬히 돈다. 과일을 조금 사고, 칫솔을 사고, 세제와 섬유유연제, 두루마리 휴지를 카트에 담는다. 혼자 들고 오기에는 버거운 짐인 것 같아 배달을 문의하니 지하철역과 5분도 걸리지 않으니 배달이 가능하다고 직원이 친절하게 설명한다. 카드로 계산을 하고, 마트를 빠져나온다. 들어온 통로를 통해 다시 지하철역 출구를 나와 밤공기를 맡으며 길을 걷는다. 조금 더 걷고 싶었지만, 15분 내에 물건이 도착할 거라는 마트 직원의 말이 기억나 서둘러 아파트 단지로 향한다. 아파트 입구의 LED 조명이 '어서 오세요'라는 말을 대신하는 듯하다. 아파트 입구에서 출입카드를 찍고 자동으로 열리는 유리문 사이로 들어가 엘리베이터를 탄다. 엘리베이터에서 내리자마자 빛나는 센서등을 조명 삼아 현관문에 비밀번호를 입력하고 집 안으로 들어선다. 하루 종일 문을 꽁꽁 닫아놓아 텁텁한 실내 공기에 가슴이 답답하다. 반쯤밖에 열리지 않는 창문을 열고, 소파에 몸을 누인다. 이 주상복합 아파트는 번화한 사거리에 위치해 있어 사실 주변 공기가 그다지 좋지도 않은데도 바깥 공기에 집착하는 스스로의 모습이 새삼스럽다. 이 도시에서의 하루는 마치 깊은 물속으로 자맥질해 들어갔다 나오는 것 같다. 이번 주 토요일에는 집에서 멀지 않은 뚝섬 유원지나 새로 단장했다는 광화문 광장에라도 놀러 가보자고 친구를 꾀어보아야겠다.

'미로'의 조건 중 하나는 외부와 완벽히 차단되어 시간의 흐름을 알수 없어야 한다는 것이다. 이러한 공간은 그 미로를 헤매는 이의 방향성을 상실케 하거나, 외부 세계로부터 완벽하게 고립되어 있다는 두려움을 주기 마련이다. 이런 조건은 우리가 하루의 일부 혹은 대부분을 머무는 지하 공간에도 해당된다. 크노소스 미궁을 헤매는 테세우스처럼 우리는 지하 공간의 광고판이나 이정표가 이끄는 대로만 걸으며 스스로의 방향감각을 상실하고 있다. 고립의 두려움은 지하철 운전사들이 외부와 차단되어 끝없는 검은 터널을 운전하는 순례에 지쳐 정서 불안을 호소한다는 데서 잘 알 수 있다. 기관사들이 일반인에 비해 공황장애와 외상 후 스트레스 장애 PTSD, 우울증 등의 정신장애에 시달리는 비율이 몇 배나 높다는 사실도 상식적으로 이해할 수 있다. 1995년 일본에서는 지하철역에서 옴진리교 간부가 독가스를 살포해 5,500여 명이 중독되고 12명이 사망했다. 2003년 대구 지하철 화재 사고에서는 192명이 사망하고 148명이 부상했다. 이런 일련의 대형 사고들을 통해 각인된 공포의 자취는 여러 정책이나 시설 등을 통해 지하 공간에 남아 있다. 매일 지하철 역사에서 '국민방독면'을 보관한 캐비닛을 지나치고, 투명하게 안이 들여다보이는 쓰레기통과 역마다 조밀하게 배치된 제연경계벽, 사고 이후 단숨에 바뀐, 항상 너무 차갑거나 너무 뜨거운 금속 재질의 좌석 등을 마주하게 된다. 열차마다 안전 매뉴얼이 게시되고, 사람들은 불안한 눈길로 서로를 끊임없이 관찰하고 감시한다. 뿐만 아니라 사스나 신종플루 등 공기를 통한 전염병이 나돌 때마다 역사와 열차 안은 마스크를 착용한 사람들로 가득한 모습을 발견할 수 있다.

이런 트라우마와 맞물려, 탈출할 길 없는 공포감이 지하 공간을 오가는 우리의 무의식 속에 뿌리 깊게 자리 잡았다. 외부의 적의 공격에서 벗어나기 위해 선택한 지하 공간이 이제는 내부의 적에게서 야기되는 위기와 재난에 무력한 공포의 공간으로 돌변한 것이다. 이제 지하 공간은 내·외부적 공포를 동시에 극복해야 하는 공간이 되었다. 우리는 지하철의 석면에 대한 두려움에 시달리면서도 어쩔 수 없이 매일 큰 숨을 들이쉬고 지하철 입구 계단을 내려간다. 저 밑에서 우리를 기다리는 것이 무엇일지 우리는 확신하지 못한다.

그런데 집적된 자본의 공간은 쇠락한 지하 공간이 주는 음산함과 심리적 불안감을 대체할 확신을 우리에게 제공하기 시작했다. 코엑스로 대표되는 이 지하 대형 쇼핑몰의 공간적 거대함과 세심하게 짜인 동선과 안도감을 주는 거대한 랜드마크, 휘황찬란한 조명, 각종 사인과 광고 장치, 화려한 인테리어는 지하 공간이 주는 밀폐감을 압도하고 희석시킨다. 물론 우리는 여전히 코엑스에서 방향감각을 상실해 계속 길을 잃긴 하지만, 길을 잃을 정도로 거대한 공간을 건설할 기술력이라면 안전함도 보증되지 않겠는가. 공공기관과는 비교할 수 없는 신뢰감을 주는 대기업들이 보증하는 안전이다. 메가박스나 CGV를 비롯한 멀티플렉스들을 떠올리면 쉬워진다. 지상에 있건 지하에 있건 관계없이 그들만의 공간적 아이덴티티로 모든 시각적·공간적 환경을 휘감고 고밀도로 채워버린다. 이제 우리는 긴장을 풀고 이 미래적인 공간이 제공하는 즐거움에 몸과 마음을 맡기기만 하면 되는 것이다. **프로젝트 b 참조 / 118~139쪽**

롯데왕국에 오신 것을 환영합니다

지하철 2호선을 타고 거대한 탑이 다리 중간에 놓여 있는 올림픽대교를 건너면, 멀리서부터 분홍빛 시계탑과 휘날리는 깃발이 잠실역의 규모와 위용을 자랑한다. 잠실역 근처는 온통 롯데 계열사 상점들로 뒤덮여 있다. 잠실역 입구에 오르면 가장 먼저 롯데백화점의 하얀 분수대를 볼 수 있다. 왼쪽에는 롯데리아와 세븐일레븐이 한쪽 벽을 차지하고 있고, 왼쪽 맞은편에는 크리스피 크림 도넛의 'Hot Now' 네온사인이 방금 구운 도넛이 나왔음을 알린다. 오른쪽에는 로티와 로리가 푸른 숲을 배경으로 안내하는 물품보관함이 한쪽 벽면을 온통 차지하고, 맞은편에는 롯데백화점 지하 식품 코너로 향한 하얀 대리석이, 그 옆은 컬러풀한 옷이 디스플레이되어 있는 유니클로 매장이 자리한다. 유니클로 매장과 물품보관함 사이에 난 길을 쭉 따라 걸으면 롯데마트 입구로 발을 들이게 된다. 롯데마트 매장을 가로질러 무빙워크를 타고 올라가면 롯데마트의 로고에서 채도를 낮춘 색의 무인양품의 로고가 떡하니 찍혀 있다. 무인양품을 지나 그 사잇길로 걸어가면 오른편에 롯데월드로 향하는 화려한 문이 여기로 오라는 듯이 자리하고, 좀 더 걷다 보면 백화점 1층 화장품 매장의 온화한 불빛이 보인다. 화장품 매장을 가로질러 매장 뒤편에 난 길로 빠져나가면 일본인 관광객들이 면세점 앞에 줄지어 서 있는 모습을 볼 수 있고, 관광객들의 줄을 뚫고 나가면 샤롯데시어터가 광고판을 내걸고 있다. 샤롯데시어터에 이르면 바로 맞은편에는 롯데월드의 놀이기구에 몸을 실은 사람들의 괴성을 들을 수 있다. 그 반대편을 바라보면, 롯데캐슬의 금빛 외장이 햇빛을 눈부시게 반사하고 있다.

몇 년 전 언론에는 기괴한 건축물의 조감도가 공개되었다. 그 건물의 건축주인 롯데는 "제2롯데월드 단지 전체의 디자인 콘셉트를 유럽풍에 맞추고, 상징성을 가질 수 있는 형태로 파리의 에펠탑을 모티브로 했다"고 밝혔다. 그것은 높이 555미터, 112층의 한국 최고층 빌딩이 될 예정인 건물의 디자인 콘셉트이었다. 그 이후에 디자인은 몇 차례 변경되었고 그때마다 첨성대, 한국 전통무용 등의 수사가 따라붙었다. 그러나 우스꽝스러운 디자인은 차치하더라도 이후의 승인 과정에서 이 건축 계획은 정부의 정체성 논쟁까지 불러일으켰다. 즉 잠실 제2롯데월드가 들어설 이 곳이 바로 군사적, 전략적으로 중요한 요충지인 공군 서울공항 근처라는 것이 문제가 되었다. 그리고 이는 수많은 반대 여론과 국방부의 저항에도 불구하고 공군 참모총장이 교체되면서까지 결국 통과되었다. 도대체 보수주의자들이 그들의 최대 무기인 '안보' 이슈를 포기하면서까지 승인해줘야 한 이 거대 건축물의 정체는 무엇일까.

앞서 묘사한 것처럼 잠실역 주변의 롯데월드는 강남의 삼성타운을 능가한다. 1988년 롯데백화점 잠실점이 개장한 이래 1989년 롯데월드, 1998년 롯데마트, 2005년 롯데골든캐슬까지, 롯데는 잠실 일대를 완전히 롯데 계열의 자본으로 채워나가고 있다. 제2롯데월드의 사업 승인으로, 1988년 롯데백화점 건립 당시부터 이미 지금의 제2롯데월드 부지를 소유하고 있던 롯데는 22년 만에 진정한 의미의 잠실 '롯데월드'의 랜드마크를 세우게 된 것이다. 풍문으로 떠돌고 있는 것처럼 잠실 사거리 서북쪽 주공 5단지까지 롯데가 매입하게 된다면 롯데월드에서 나아가 '롯데왕국'으로 거듭날지도 모르겠다. 이미 이 일대의 사람들은 충실한 롯데왕국의 신민으로서 혜택을 누리고 있는지도 모른다.

식품 등의 소비재 중심의 유통자본으로서 그 입지를 다져온 롯데는 그 어떤 자본보다도 도시의 흐름에 대해서 많은 관심을 가지고 중요한 교통 결절점마다 다양한 방법으로 선점해 들어갔다. 이런 롯데의 집중이 비단 잠실에만 국한된 일은 아니다. 을지로입구역, 영등포역, 서울역, 건대입구역, 그리고 2010년에 재개장한 청량리역까지 서울의 중요한 교통 분기

점마다 롯데의 자본은 깊숙이 들어가 있다. 단순히 개별적 자본으로 움직이는 것이 아니라 민자 역사의 형태로 공공재 속에 침투하고 있다. 잠실에서의 롯데처럼 이런 거대 자본은 다양한 방법으로 각종 규제와 감시를 회피하고 무력화시킨다(명동 롯데백화점의 승인 절차를 들여다보라). 이를 단순히 롯데만이 추구하는 사업 전략이라고 할 수는 없다. 신세계를 비롯한 대형 유통 기업들의 전략 또한 롯데와 크게 다르지 않다.

지하상가들의 몰락은 이들의 영역 확장과 관련이 크다. 예전처럼 백화점과 지하상가가 소비자층을 각각 나눠 점유하지 않는다. 유동 인구가 움직이는 통로의 선점은 그 어느 때보다 이들 거대 상업자본의 중요한 이슈가 되었다. 그리고 이러한 유동 인구의 결절점에서 거대 자본은 서로 치열하게 전투를 벌인다(이를테면 건대입구에서의 롯데와 신세계의 흥미로운 충돌 사례를 보라). 이러한 상업자본들의 움직임은 그들이 오래전부터 다양한 속도가 교차하는 플랫폼으로 도시를 파악하고 이것이 곧 자본의 흐름과 일치함을 인식하고 있음을 의미한다. 그리고 그 자본의 결절지점에 총체적인 소비의 연동을 불러일으키는 공간과 지역의 브랜딩 전략이 어느 때보다 적극적으로 시도되고 있다. 먹고, 자고, 입고, 놀고, 이동하는 모든 순간, 모든 환경, 모든 문화가 롯데왕국 안에서 순환적으로 이뤄지며 소비되는, 자본이 우리의 삶을 온전히 지배하는 신화가 이렇게 형성되고 있다.**프로젝트 c 참조 / 140~147쪽**

지하도시 Underground City:

◯ 시청역 (2호선)

총 길이 약 3,300m
총 면적 약 34,274m²

1984년 준공
12,561㎡

2010년 현재

1967

1974

1976

1977

1978

1983

1984

1985

1996

서울 중부권 지하도시 증식도

박OO / 50대 / 모자 가게 운영

시청역 지하상가에서 가게를 여신 지는
얼마나 되셨어요?
1992년도부터 했으니까, 20년이 다
되어가네요.

가게 문을 열고 닫는 시간은요?
요즘은 10시부터 8시 반이나 9시.
예전에는 8시 전부터 나왔었는데, 지금은
유동 인구도 많이 줄고 오가는 손님들이
하도 줄다 보니 장사가 잘 안 돼서 시간이
늦춰졌어요.

바로 위에 시청광장이 있는데, 전에
있었던 촛불시위가 상가에 끼쳤던 영향이
있다면요?
아무래도 여기는, 화장실 쓰는 데 불편함이
있었죠. 갑자기 워낙 많은 사람이 화장실을
오갔으니까요. 그거 말고는 뭐, 워낙 다들
점잖은 사람들이니까 다른 문제는 전혀
없었어요. 요새는 시위문화도 옛날 같지
않으니까요. 다만 많은 사람이 한꺼번에
몰리다 보니 그냥 전체적인 분위기가 좀
어수선했던 건 있지만요. 월드컵 때처럼
좋은 일 때문에 모인 게 아니라 어려운
상황이었던 때니까요.

시청
서소

이화여고

남대문

전시 국민 행동요령 중 지하 관련 내용
• 평소, 가정과 직장 주변의 대피소나 비상급수원을 확인해 두고, 적의
공습 등이 예상될 때에는 지하대피소로 신속히 대피해야 합니다.
— 《공통 행동요령》
• 지하대피소 등 안전한 곳으로 빨리 대피하고, 고층건물에서는
지하실 또는 아래층으로 대피해야 합니다. — 《공습경보 : 적의 공격이
긴박하거나 공습 중일》
• 핵 공격이 있을 때는 지하대피소로 신속히 대피하되 대피하지 못했을
경우 핵폭발 반대 방향으로 엎드려 눈과 귀를 막아야 하며, 핵 폭풍이
완전히 멈춘 후 일어나야 합니다. — 《화생방경보 행동요령》

중앙일보

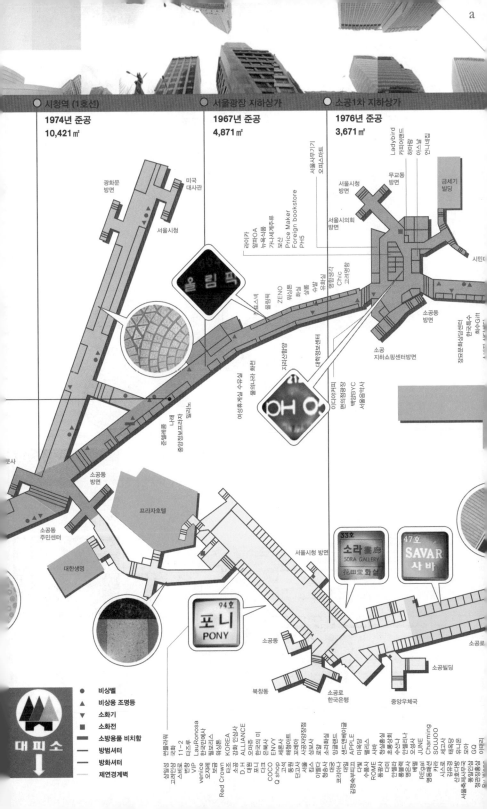

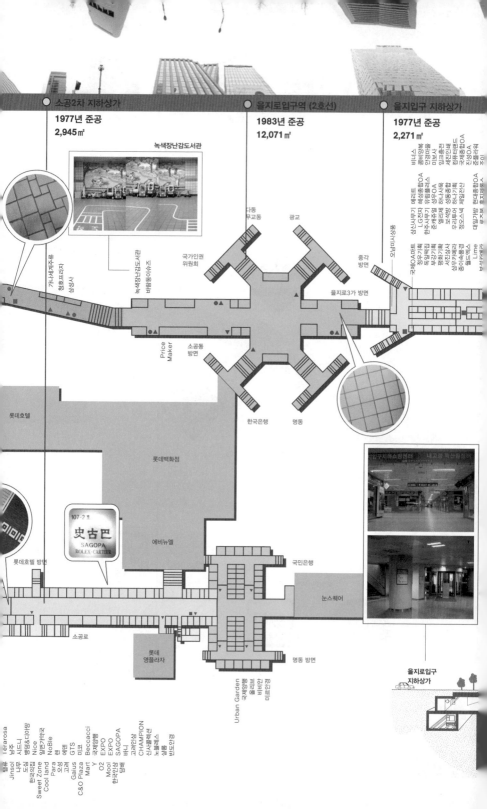

소공2차 지하상가
1977년 준공
2,945㎡

을지로입구역 (2호선)
1983년 준공
12,071㎡

을지입구 지하상가
1977년 준공
2,271㎡

녹색장난감도서관

롯데호텔
롯데백화점
에비뉴엘
롯데영플라자

한국은행
명동
국민은행
눈스퀘어

국가인권위원회
Price Maker
소공동 방면
다동
무교동
광교
종각 방면
을지로3가 방면
명동 방면
Urban Garden

롯데호텔 방면
소공로

을지로입구 지하상가

⬤ 을지로2가 지하상가

1983년 준공
20,333㎡

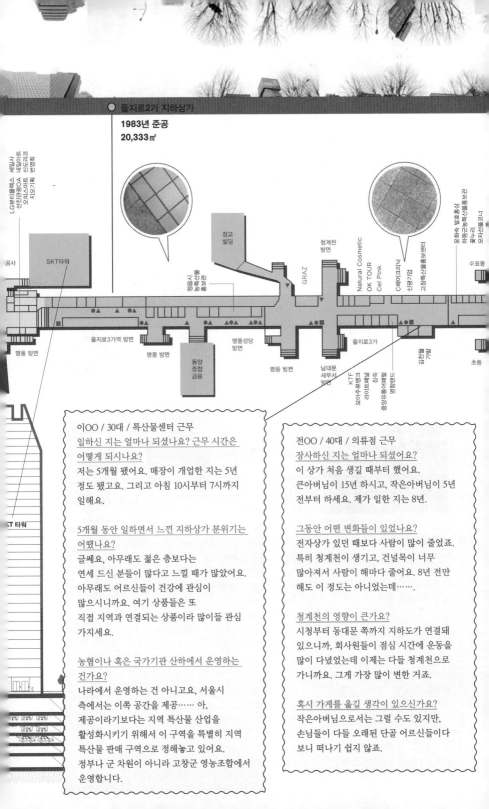

LG화학텔레스
센트럴렉앤OA
오피스마트
지오기획
네일아트
신도리코
범영회

공사

SKT타워

장교
빌딩

청계천
방면

Natural Cosmetic
OK TOUR
Cel Pink
C헤어크리닉
신용기엔
고창특산물유통센터

윤화숙패션홍삼
하동군특산물통상관
꽃누리
머지몰코너

수표동

정음사
동신복사관
대광통상복사실

GRAZ

명동 방면

을지로3가역 방면

명동 방면

동양
증합
금융

명동성당
방면

명동 방면

남대문
세무서
방면

을지로3가

KTF
머이주류백화
라이네
정우아웃통소매
약령남통
중앙약통풍판매
영림원소
켐기
캡린
초동

SKT 타워

이OO / 30대 / 특산물센터 근무

일하신 지는 얼마나 되셨나요? 근무 시간은 어떻게 되시나요?
저는 5개월 됐어요. 매장이 개업한 지는 5년 정도 됐고요. 그리고 아침 10시부터 7시까지 일해요.

5개월 동안 일하면서 느낀 지하상가 분위기는 어땠나요?
글쎄요, 아무래도 젊은 층보다는 연세 드신 분들이 많다고 느낄 때가 많았어요. 아무래도 어르신들이 건강에 관심이 많으시니까요. 여기 상품들은 또 직접 지역과 연결되는 상품이라 많이들 관심 가지세요.

농협이나 혹은 국가기관 산하에서 운영하는 건가요?
나라에서 운영하는 건 아니고요, 서울시 측에서는 이쪽 공간을 제공…… 아, 제공이라기보다는 지역 특산물 산업을 활성화시키기 위해서 이 구역을 특별히 지역 특산물 판매 구역으로 정해놓고 있어요. 정부나 군 차원이 아니라 고창군 영농조합에서 운영합니다.

전OO / 40대 / 의류점 근무

장사하신 지는 얼마나 되셨어요?
이 상가 처음 생길 때부터 했어요. 큰아버님이 15년 하시고, 작은아버님이 5년 전부터 하세요. 제가 일한 지는 8년.

그동안 어떤 변화들이 있었나요?
전자상가 있던 때보다 사람이 많이 줄었죠. 특히 청계천이 생기고, 건널목이 너무 많아져서 사람이 해마다 줄어요. 8년 전만 해도 이 정도는 아니었는데…….

청계천의 영향이 큰가요?
시청부터 동대문 쪽까지 지하도가 연결돼 있으니까, 회사원들이 점심 시간에 운동을 많이 다녔었는데 이제는 다들 청계천으로 가니까요. 그게 가장 많이 변한 거죠.

혹시 가게를 옮길 생각이 있으신가요?
작은아버님으로서는 그럴 수도 있지만, 손님들이 다들 오래된 단골 어르신들이다 보니 떠나기 쉽지 않죠.

지하에서 잘 자라는 식물

음지에서 잘 자라는 식물이라도 최소 1,000 정도의 밝기는 되어야 한다. 1,000lx 이하로 떨어지면 식물이 웃자라 연약해지고 스파티 같은 경우는 꽃이 피지 않는다. 보조조명이 필요한데 백열등은 긴 파장으로 개화를 하 식물에 도움이 되고, 형광등은 짧은 파장이 잎을 즐기는 식물에게 좋다.

1 페페로미아
• 학명: Peperomia caperata
• 원산지: 남미
• 생육적온: 20~35도
• 겨울월동: 12도 이상
• 키: 30cm
• 물은 싫어하는 편으로 7~10일에 1회. 단 환경을 좋아하므로 공중 습도 유지를 위해 자주 분무

2 스파티필름
• 학명: Spathiphyllum wallissi
• 자생지: 콜롬비아, 베네수엘라
• 생육적온: 18도~20도
• 월동온도: 5도 이상
• 키: 60~70cm

한OO / 50대 / 커피점 운영

언제부터 운영하셨어요? 요즘 장사는 어떠신지……
10년쯤 됐어.어렵지 어려워. 어떨 땐 그냥 내놓고 나가고 싶어.

계속 커피숍을 하신 거예요?
네, 용도 변경을 하려고 해도 잘 안 해줘요. 주변 변화에 맞게 여기도 변해야 하는데 제약이 너무 많아. 여기는 가스 들어온 곳도 거의 없어요. 위험해질까 봐 아예 해주질 않아요. 해보지도 못하게 하니까 죽을 수밖에 없지.

그럼 여기도 음료만 하세요?
나도 여기서 주류나 안주도 팔면 더 잘될 수 있거든? 노무현 정부 때는 그걸 승인을 해줬어요. 그땐 내가 힘이 들어서 안 했지. 근데 이번에 내달라고 하니까 이젠 안 된대. 말이 안 되는 거 아니에요? 우리는 여기서 먹고 사니까 아는데 자기들 편한 대로 규제하니까 탁상행정이라는 거야. 장사가 안 되면 물어주는 것도 아니면서, 여기가 사람이 바뀌거나 말거나 신경도 안 써요.

지하상가가 정말 크더라고요.
걸어 보니까 1시간 정도 걸리고.
크지. 지금 저 롯데백화점 지하에도 소공동으로 전부 연결되어 있는데 이제 남대문, 동대문운동장, 종로까지 연결한다더라고.

1

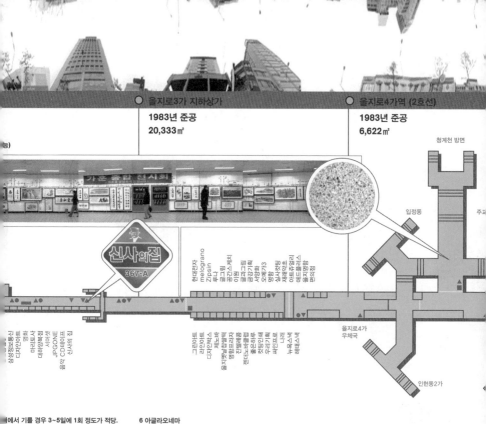

○ 을지로3가 지하상가　　　　　　　　　○ 을지로4가역 (2호선)

1983년 준공
20,333㎡

1983년 준공
6,622㎡

청계천 방면

입정동

주

신사의집
367-A

현대전자
melograno
Zipsin
루니
글그림
공간스케치
성진그림
굴리기획
서양화
오메가3
명화
셀사컷팅
재래대초
아트플중러스
올지명함
편의점

입정동

을지로4가
우체국

인현동2가

그린아트
라인아트
디자인박스
제주아트
울지영상출력방
영광프라자
진웰래금
럭다래름
좋은하루
우리기획
씽인쇄
나래
뉴욕스너
해태스너

삼성정보통신
디자인아이
대하양복점
서라벌
마리또스
영화
음악 CD테이프
신사의 집

에서 기를 경우 3~5일에 1회 정도가 적당.
습도가 높은 환경을 좋아하므로 실내가
면, 주 1~2회 정도 잎에도 분무

6 아글라오네마
· 학명: Aglaonema crispum
· 식물 크기: 40~60cm
· 겨울은 주 1회, 여름 주 2회 정도 주며, 건조한
  실내는 자주 잎에 분무

리시 아이비
: Heder helix
지: 유럽
적온: 16~21도
겨울은 주 1회, 여름은 주 2회 정도 주며,
이상에서는 자주 잎에 분무

7 테이블야자
· 학명: Chamaeadorea eleganes
· 자생지에서는 1.8m 정도까지 크나 화분에서는
  1m 정도
· 물은 겨울은 주 1회, 여름은 주 2회 정도 주며,
  건조한 실내는 자주 잎에 분무

프레넘(포토스/스킨)
: Epiperemnum aureum
지: 솔로몬제도
적온: 18~24도
가을에는 표면이 마르지 않을 정도로,
는 7~10일 정도로 물을 준다.

✿자료: 김용민 외, 『부동산은 변한다: 지하공간 활용·
지하공간 법규: 테마별 투자관리분석』 (2006)

덴드론
: philodendron selloum
지: 남아메리카
적온: 16~21도
1m 내외
터 가을까지는 습하게 주 2회 정도, 겨울은
게 주 1회 정도 물을 준다.

7

5

2

4

6

3

유OO / 40대 / 잡화점 운영

가게 여신 지는 얼마나 되셨어요?
한 4년 됐지.

출근은 어디서 어떻게 하세요?
1호선 타고 오지. 어디서 사냐는 그런 건 왜
물어봐. 노코멘트야.

4년 전과 달라진 점이 있다면요?
없어, 없어. 여기 풀 한 포기가 자라, 나무가
자라? 다 그게 그거지. 멋있게 개조가
된다든가, 나무를 심는다든가, 흙이나 풀
같은 걸 좀 가져다 놓고 이러면 분위기가
달라지겠지. 죄다 콘크리트에 시멘트인데 다
똑같아. 10년 전이나 지금이나 똑같아. 장사
안 되는 것도 똑같고.

보통 점심은 어디서 드세요?
구조상 이걸 다 문 닫고 집어넣고 나갈 수가
없어. 그냥 다 안에서 해결하는 거지. 혼자
일하니까 여기 있는 거 말고는 아무것도
못해. 화장실 갈 때도 잠깐 뛰어갔다 오지.

○ 을지로4가 지하상가

1983년 준공
20,333㎡

대도
식품

근도시트

식료잡화
4·7
다맛

4·19
성찬
미성

4·14
극동

방산동

철제공원
Biss
하수처리공원
근도시트
인신방산

방산시장

다맛
아세아 건강
강일칠러
진성물산
봉신여행
이미지컷
장례119

오장동

대도식품
명함하는곳
고려명함
이화스조조
빈디7획
김영수공조

피혁스포
대신라이팅
포커스라이팅
동일기업
접졈
행정칠행

중부시장

도큰
홍백함박
성진산업
다지인스토리
메드빵크
한국의료기
Tri-chem
noyes소방품
건축 책
핫넷다
서비아빌

중무로

방향나관발치
전망마원동
전통공예쌀
나로

김OO / 60대 / 경비원

교대근무로 일하시겠네요?
아침에 나와서 다음날 아침까지 24
시간씩, 하루 일하고 하루 쉬고 그런
거지.

출퇴근은 어떻게 하세요?
면목동 집에서 지하철 타고……

주로 하시는 업무는요?
잡상인이나 노숙자들 들어오는 거
방지하고, 지하도 출입구 여닫고
경비 업무 하는 거지. 춥거나 비 오면
노숙자들이 많이 들어와서 아무 데나
자는데, 그러면 상인들이 싫어하니까

내보내야지. 주 업무가 그거예요.

어디부터 어디까지 관리하세요?
저 을지로 4가 역부터 5가 역까지.
구역별로 한 명씩 있지. 낮에는 별일
없으니까 여기 앉아서 라디오 듣고, 책
읽고, 다른 상가 사람들이랑 수다 떨고
그러지.

**식사는 어디서 하세요? 휴게실 같은 곳이
따로 있나요?**
우리 자체 대기실이 있는데. 거기서 먹지.
그냥 출근 전에 대기하는 곳인데…….
취사는 못하고 그냥 집에서 가져온 걸로
먹지.

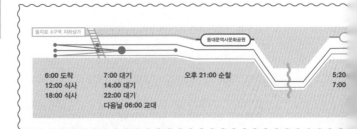

을지로 4구역 지하상가

동대문역사문화공원

6:00 도착	7:00 대기	오후 21:00 순찰	5:20
12:00 식사	14:00 대기		7:00
18:00 식사	22:00 대기		
	다음날 06:00 교대		

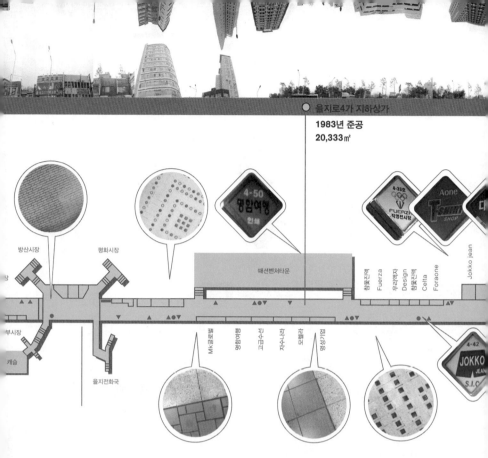

을지로4가 지하상가

1983년 준공
20,333㎡

방산시장　평화시장

패션벤처타운

침월진엑　Fuerza　우리여자 Design　침월진엑　Celta　Foraone　Jokko Jean

부시장
캐슬

을지전화국

Mk클럽　명암여행　수프클럽　자수나라　클럽머　진엑

A-332
FUERZA 직영매장

Aone
T SHIRT SHOP

4-50
명암여행
인쇄

Jokko Jean

4-42
JOKKO
JEAN
S.I.C

지하상가를 운영하는 방법

• 관리운영기관
지하상가는 매각보다 임대를 목적으로
하고 있으며, 지자체 등 공공기관에서
관리하고 있는데, 서울특별시의 경우에는
지하도상가는 서울시설관리공단이
지하철역 상가는 서울특별시
지하철공사로 관리 운영하고 있다.

• 임대받는 방법
상가 임대는 경쟁입찰에 부쳐 임대를
하고 있기 때문에 상가를 관리 운영하는
기관에서 실시하는 입찰에 참여하여
낙찰받으면 된다. 낙찰자 결정 조건은
공고문에 기재되어 있으나, 대체로 최고가
입찰가격으로 응할하는 자를 낙찰자로
결정하고 있다.

• 입찰 참여방법
서울시 시설관리공단, 서울시
지하철공사에서는 지하상가 임대입찰을
현장입찰보다 인터넷으로 입찰에
참여하는 전자입찰을 주로 하고 있으며,
한국자산관리공사가 운영하고, 정부에서
지정고시한 자산처분 정보처리장치인
온비드(www.onbid.co.kr)다. 온비드에는
한국자산관리공사의 공매물건뿐 아니라
공공기관의 매물이 1일 평균 5000여 건
등록되어 있으며, 아파트, 임야, 공장, 상가
등 부동산, 자동차, 회원권, 유가증권 등
다양한 물건이 거래된다.

❖자료: 김용민 외, 『부동산은 변한다:
지하공간 활용·지하공간 법규: 테마별
투자관리분석』(2006)

지하공간의 특성

• 단열성, 항온성 : 지반이 지닌 큰
열용량으로 인해 열 전달 속도가 지연됨.
지표면 5m 깊이부터는 지표면의
기온변동과 무관하게 안정 상태를 유지함.

• 전자파 차단 : 전자파는 일반적으로
전시전도율이 낮은 암반 사이에서 감쇄됨.

• 차광성 : 자외선에 의해 변질될 수 있는
물질의 장기적 보관.

• 방사능 차단 : 지반 사이에 존재하는
방사성 물질이 지표면에 도달하기에는 오랜
시간을 요함.

• 불연성 : 지반은 불연재이며 지하공간
구조물도 주로 콘크리트와 암석을 재료로
사용하므로 뛰어난 불연성능을 지니게
된다.

• 방폭성 : 암반은 높은 강도와 중량을
가지므로 폭발에 의해 발생되는 충격압에
대하여 안정성을 확보할 수 있다.

• 방진성 : 견고한 심층의 지하 암반에
건설된 구조물의 기초는 지진 등의 외력을
받아 발생하는 진동 진폭이 작다.

• 방음성, 차음성 : 음원에서 발생된
파도 에너지는 투과 손실이 큰 지반을

통과하면서 감소되어 지하공간의 방음성을
높이게 된다. 미소한 음압의 변화도
허용하지 않는 정도의 높은 진동 분석용
실험시설과 프레스 가공공장들의 강한
음을 발생하는 시설 수용이 바람직한
공간이 된다.

• 내후성 : 지하공간은 강풍을 피할
수 있으며, 외부의 기상 변화에 대해
단열성능을 갖기 때문에 지표면의 온도
변화에 의한 냉해 등을 피할 수 있다.

• 화학적 안정성 : 지반의 암석층은 화학적
안정도가 높은 규산염화합물의 결정입자의
집합체라 할 수 있다. 이러한 강물질은
화학적 변화에 안정성을 보인다.

❖자료: 윤동원, 「지하공간의 이용과 환경조건」,
「건축가」 제116호(1992)

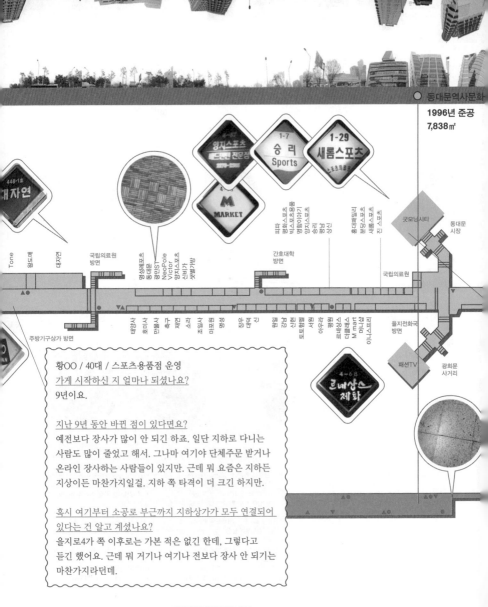

황OO / 40대 / 스포츠용품점 운영
<u>가게 시작하신 지 얼마나 되셨나요?</u>
9년이요.

<u>지난 9년 동안 바뀐 점이 있다면요?</u>
예전보다 장사가 많이 안 되긴 하죠. 일단 지하로 다니는
사람도 많이 줄었고 해서. 그나마 여기야 단체주문 받거나
온라인 장사하는 사람들이 있지만. 근데 뭐 요즘은 지하든
지상이든 마찬가지일걸. 지하 쪽 타격이 더 크긴 하지만.

<u>혹시 여기부터 소공로 부근까지 지하상가가 모두 연결되어
있다는 건 알고 계셨나요?</u>
을지로4가 쪽 이후로는 가본 적은 없긴 한데, 그렇다고
듣긴 했어요. 근데 뭐 거기나 여기나 전보다 장사 안 되기는
마찬가지라던데.

지하공간의 특성에 따른 용도

	체육	문화	방송센터	교통시설	송전가스	통신	상하수도	생활폐기	개발연구
단열성 / 항온성		●							
전자파 차단성						●			
차광성	●								
방사능 차단성						●			
기밀성		●	●			●	●	●	●
방화성 / 불연성			●		●	●			
방폭성				●					
방진성	●			●					●
방음성 / 차음성	●			●					●
화학적 안정성			●		●	●			●
시설 분야	체육	문화	방송센터	교통시설	송전가스	통신	상하수도	생활폐기	개발연구

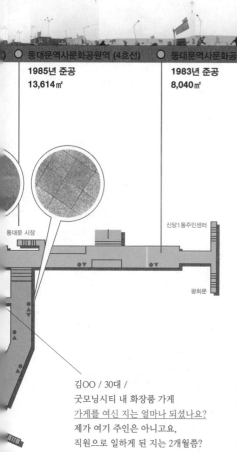

● 동대문역사문화공원역 (4호선)

1985년 준공
13,614㎡

● 동대문역사문화공원역 (2호선)

1983년 준공
8,040㎡

동대문 시장

신당1동주민센터

광희문

2동

김OO / 30대 /
굿모닝시티 내 화장품 가게
가게를 여신 지는 얼마나 되셨나요?
제가 여기 주인은 아니고요,
직원으로 일하게 된 지는 2개월쯤?

혹시 이쪽부터 시청역 부근까지
지하상가가 모두 연결되어 있다는 건
알고 계셨나요?
아뇨, 글쎄요. 전혀 몰랐는데…….
집에서 지하철 타고 여기 내려서
바로 들어오니까…… 몰랐네요. 진짜 다
연결돼 있어요?

네, 여기서부터 시청역 지나서
소공로 통해서 명동 근방까지요.
그래요? 언제 한번 가봐야겠네요.
우리야 뭐 보통은 여기로 들어와서 종일
여기에 있다가 가니까.

오가는 손님은 많은 편인가요?
그럭저럭 뭐, 그냥저냥 그래요.
사실 전에는 명동 쪽에서 일했는데,
거기에 비하면 좀 적죠. 근데 뭐
저도 여기에서 오래 일할 생각은
아니라서요.

총 길이 약 4,700m
총 면적 약 18,059m²

도심 지하공간 네트워크 구축 사업의 일환으로
2012년 착공, 2014년 완공 예정
◆「경향신문」, 2010년 1월 27일자

150M
100M
50M
0M
10M
20M
30M
40M
금천구청　　　　　　　　독산　　　　　　가산디지털단지　　　　　구로　　　　　신도림

150M
100M
50M
0M
10M
20M
30M
40M
충정로　　　　아현　　　　이대　　　　신촌　　　　홍대입구　　　　합정

150M
100M
50M
0M
10M
20M
30M
40M
오금　　　　경찰병원　　　　가락시장　　　　수서　　　　일원　　　대청

b

line 1

영등포　　　신길　　　대방　　　노량진　　　용산　　　남영

line 2

당산　　영등포구청　　문래　　신도림　　대림　　구로디지털단지　　신대방

265M

line 3

학여울　　대치　　도곡　　매봉　　양재　　남부터미널

150M

100M

50M

20M
10M
20M
30M
40M

서울역   시청   종각   종로3가

150M

100M

50M

20M
30M
40M

신림   봉천   서울대입구   낙성대   사당   방배   서초   교

150M

100M

50M

20M
40M

교대   고속터미널   잠원   신사   압구정

line 1

동대문　　동묘앞　　신설동　　제기동　　청량리

line 2

강남　　역삼　　선릉　　삼성　　종합운동장　　신천　　잠실

line 3

금호　　약수　　동대입구　　충무로　　을지로3가　　종로3가　　안

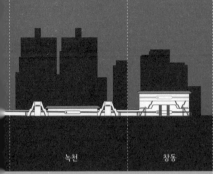

line 1

녹천　　　　　창동

line 2

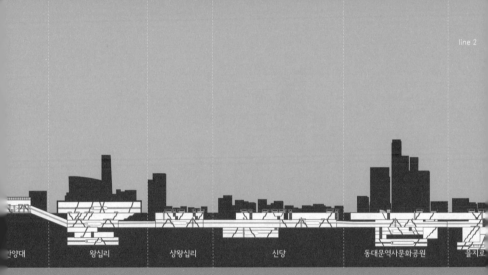

안양대　　　왕십리　　　상왕십리　　　신당　　　동대문역사문화공원　　을지로

line 3

구파발

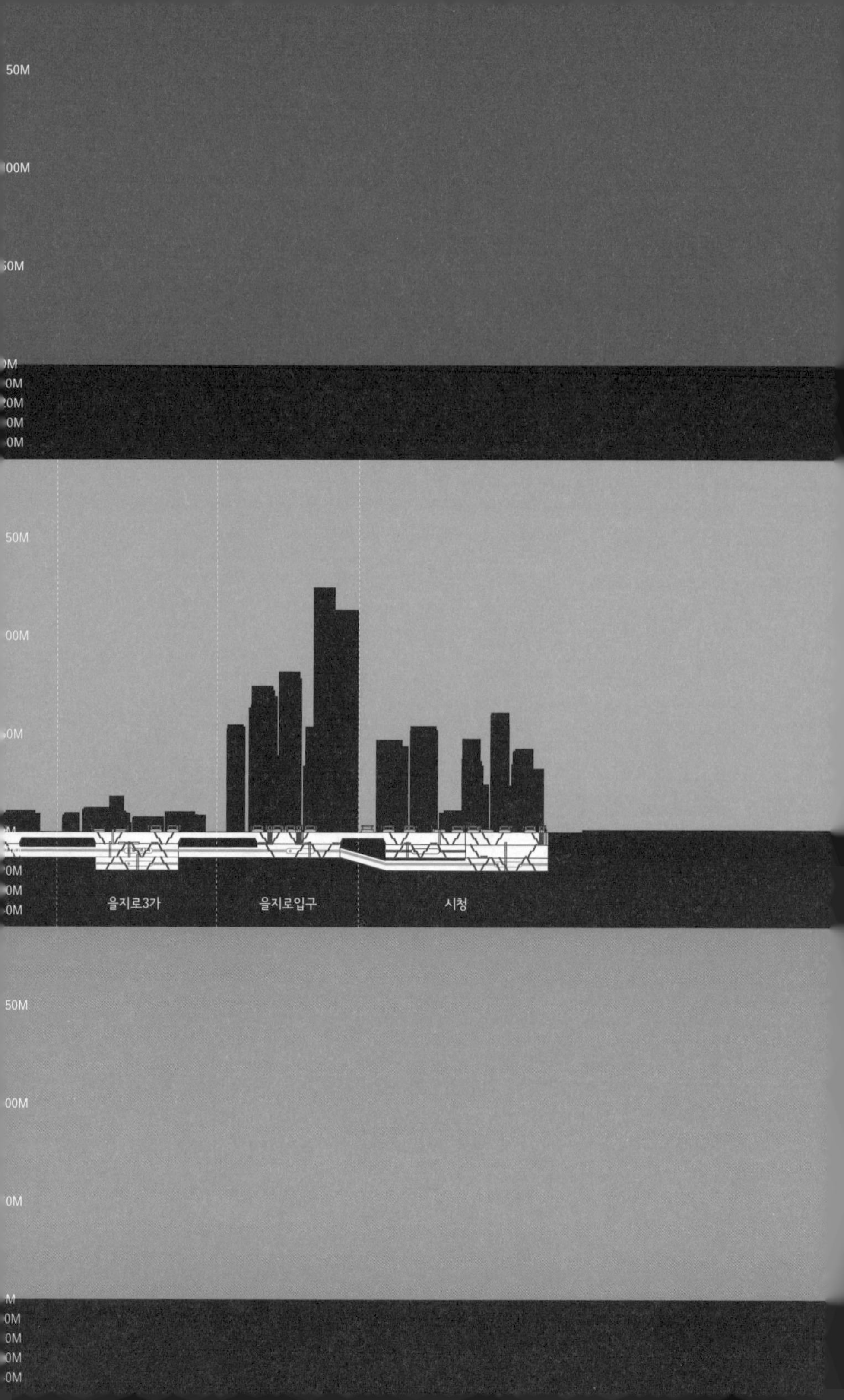

50M

00M

50M

0M
0M
20M
0M
0M

50M

00M

60M

0M
0M
0M

50M

00M

0M

M
0M
0M
0M

을지로3가   을지로입구   시청

line 1

line 2

line 3

150M

100M

50M

0M
10M
20M
30M
40M
남태령　　　사당　　　총신대입구　　　동작　　　이촌　　　신용산

150M

100M

50M

0M
20M
30M
40M
방화　개화산　김포공항　송정　발산　우장산　화곡　까치산　신정

50M

00M

50M

0M
0M
0M
0M
응암　　　새절　　　증산　　　디지털미디어시티　　　월드컵경기장　　　마포구청

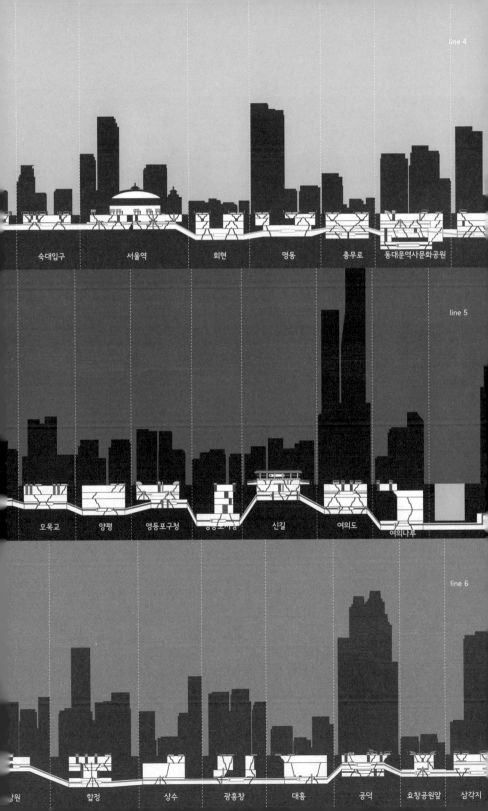

line 4

숙대입구　서울역　회현　명동　충무로　동대문역사문화공원

line 5

오목교　양평　영등포구청　영등포시장　신길　여의도　여의나루

line 6

...원　합정　상수　광흥창　대흥　공덕　효창공원앞　삼각지

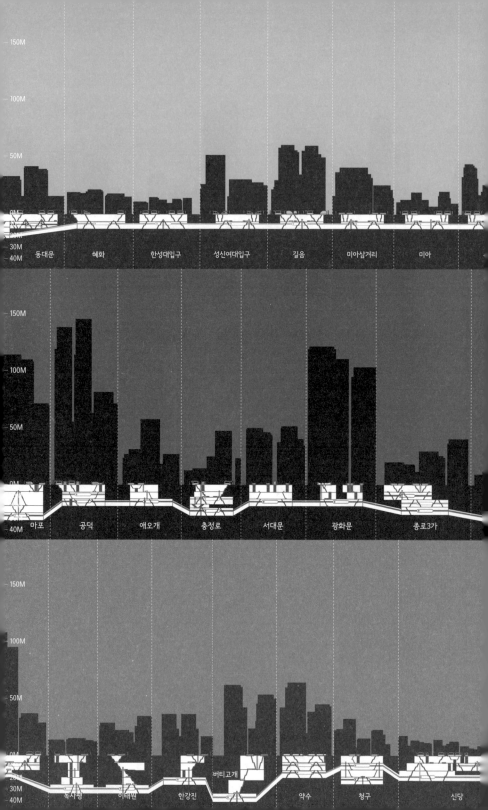

150M
100M
50M
0M
20M
30M
40M

동대문　혜화　한성대입구　성신여대입구　길음　미아삼거리　미아

150M
100M
50M
0M

40M

마포　공덕　애오개　충정로　서대문　광화문　종로3가

150M
100M
50M
0M

30M
40M

녹사평　이태원　한강진　버티고개　약수　청구　신당

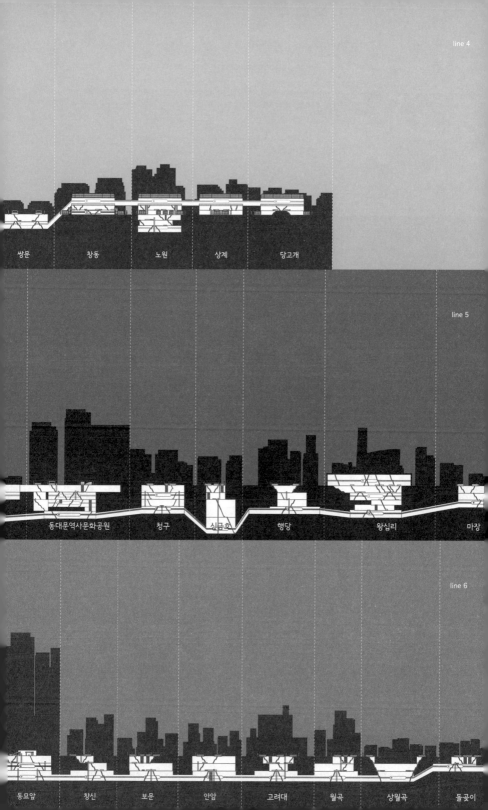

line 4

쌍문 창동 노원 상계 당고개

line 5

동대문역사문화공원 청구 신금호 행당 왕십리 마장

line 6

동묘앞 창신 보문 안암 고려대 월곡 상월곡 돌곶이

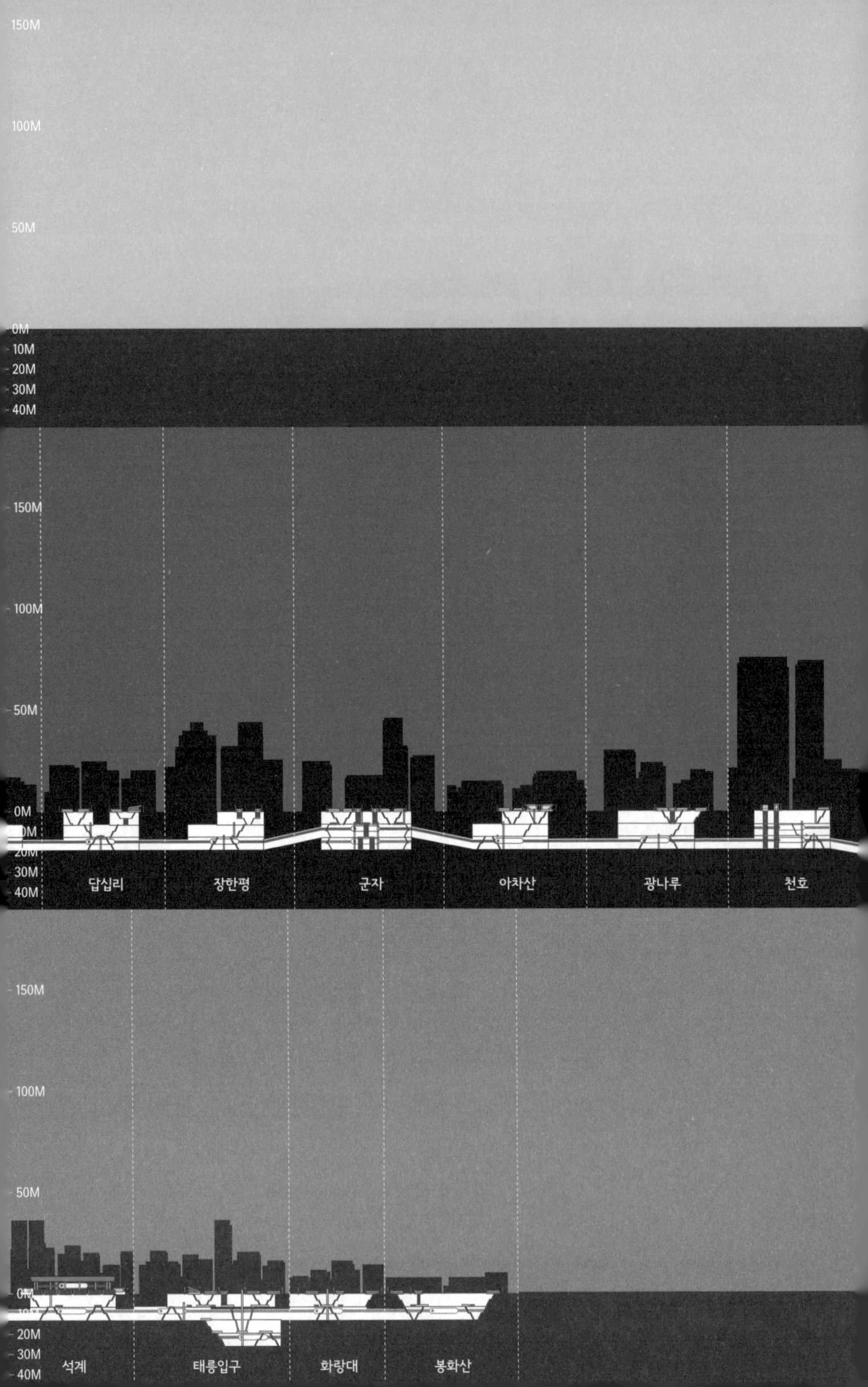

150M
100M
50M
0M
10M
20M
30M
40M

150M

100M

50M

0M

10M
20M
30M
40M

답십리   장한평   군자   아차산   광나루   천호

150M

100M

50M

0M

20M
30M
40M

석계   태릉입구   화랑대   봉화산

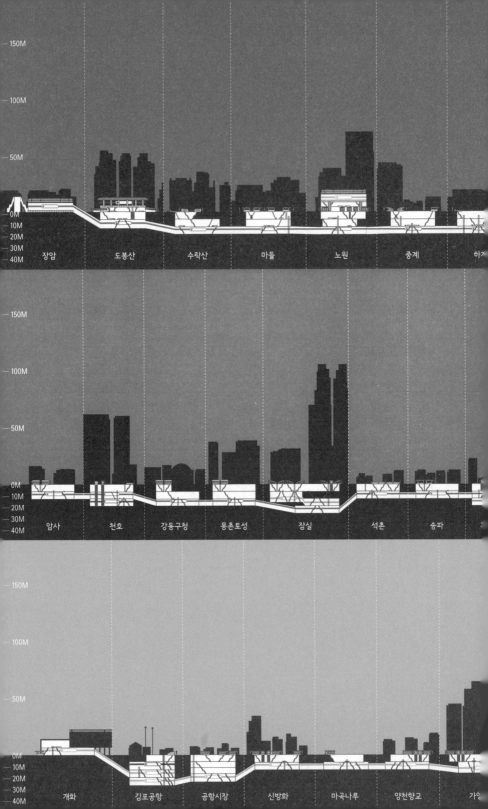

150M
100M
50M
0M
10M
20M
30M
40M

장암 도봉산 수락산 마들 노원 중계 하계

150M
100M
50M
0M
10M
20M
30M
40M

암사 천호 강동구청 몽촌토성 잠실 석촌 송파

150M
100M
50M
0M
10M
20M
30M
40M

개화 김포공항 공항시장 신방화 마곡나루 양천향교 가양

line 7

공릉   태릉입구   먹골   중화   상봉   사가정   용마산

line 8

문정   장지

line 9

증미   등촌   염창   신목동   선유도   당산   국회의사당

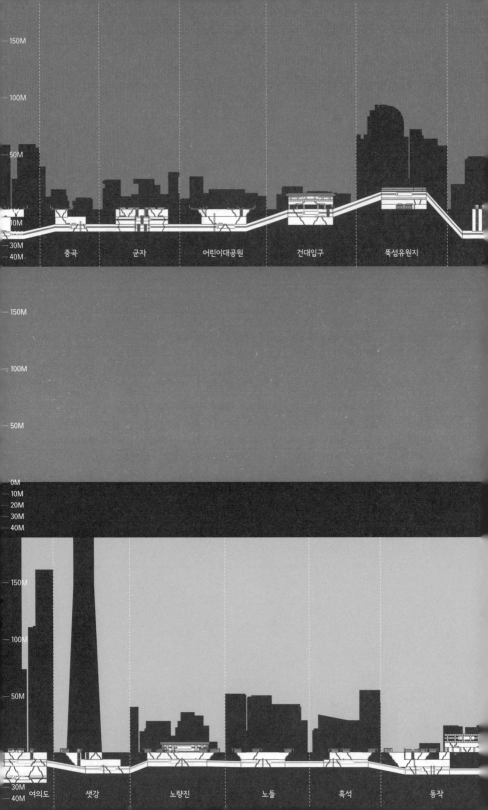

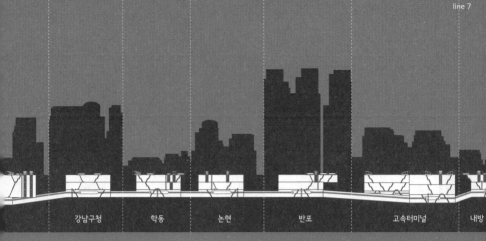

line 7

강남구청　　학동　　논현　　반포　　고속터미널　　내방

line 8

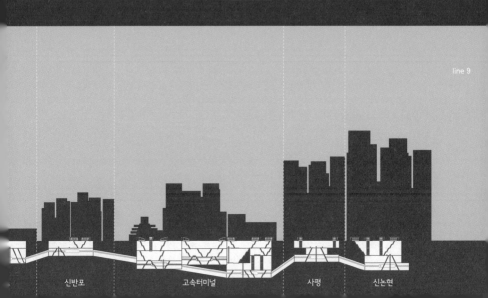

line 9

신반포　　고속터미널　　사평　　신논현

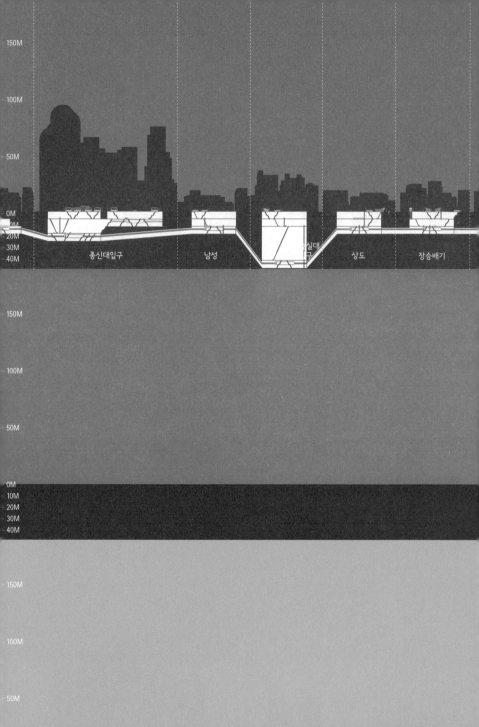

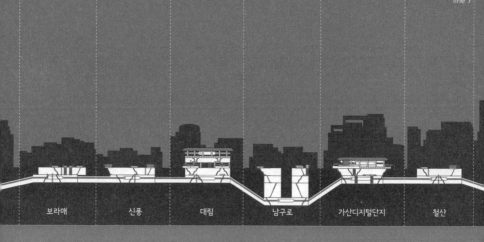

line 7

보라매   신풍   대림   남구로   가산디지털단지   철산

line 8

line 9

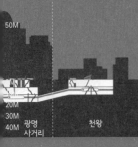

150M

100M

50M

20M
30M
40M 광명
사거리

천왕

150M

100M

50M

0M
10M
20M
30M
40M

150M

100M

50M

0M
10M
20M
30M
40M

line 7

line 8

line 9

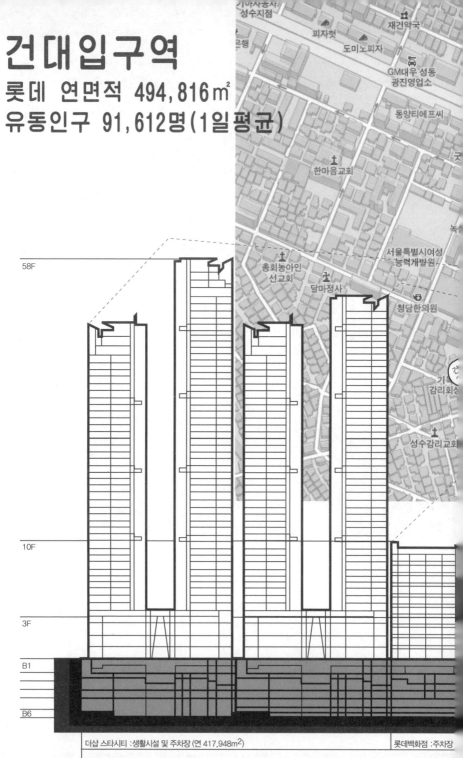

건대입구역
롯데 연면적 494,816㎡
유동인구 91,612명(1일평균)

기아자동차
성수지점

피자헛

도미노피자

재건약국

GM대우 성동
광진영업소

동양티에프씨

한마음교회

총회농아인
선교회

달마정사

청담한의원

서울특별시여성
능력개발원

기...
감리회...

성수감리교회

58F

10F

3F

B1

B6

더샵 스타시티 : 생활시설 및 주차장 (연 417,948m²)

롯데백화점 : 주차장

건대입구 스타시티

C

햇빛약국

상허기념
도서관

헤미마트

베스킨라빈스
건대입구역

의학연구동

생명과학관

GS25

DS25

미스터피자

③

동물생명
과학대학

글로벌
차이니즈

세븐일레븐

④

건국대학교
병원

입학정보관

2호선 건대입구역

②

⑤

산화원

롯데백화점 건대스타시티점 개점
2008.10.30

롯데백화점

롯데시네마

이마트

신세계, 이마트 자양점 개장 (3개월 늦춰짐)
2007.3

건국대부
동물병

0억원 손해배상 청구 소송
4.24

웨딩
의전당

더샵 스타시티

베스킨라빈

대보증금 정산 청구 소송

신세계, 건대 영업방해행위로 형사고발
2007.2

SK
주유소

포스코건설 5267억원으로 스타시티사공권 입찰

102동

포스코건설 5267억원으로 스타시티사공권 입찰
2003.5

엔제리
너스커피

B동

대, 신세계 이마트 화물엘리베이터
동중단 및 출구봉쇄
2006.12~2007.2

국민은행

신세계, 스타시티 백화점 사업자 공개경쟁입찰에서
우선협상대상자로 선정
2003.11

더샵
시티APT

금강APT

측과 1180억에 백화점 임차계약 체결

건대, 임대보증금 200억원 추가 요구
2006.11

건대로부터 우선협상대상자 해지통보
(설계변경, 임대금액문제)
2005.1

우리은행

신세계 건대 스타시티 내 할인점 착찰지로 선정
2003.12

C동

성수교회

구의회

트의

신세계, 857억원에 이마트 건대측과
임대계약 계약 체결
2004.5

| | 2+7호선 건대입구역 | 이마트, 주차장, 롯데시네마 (연 32,571m²) |

영등포역
롯데 연면적 94,338㎡, 역무시설 20,978㎡
유동인구 115,659명(1일평균)

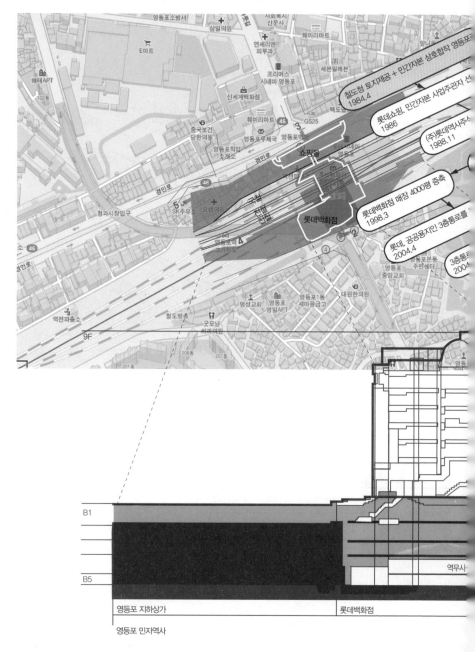

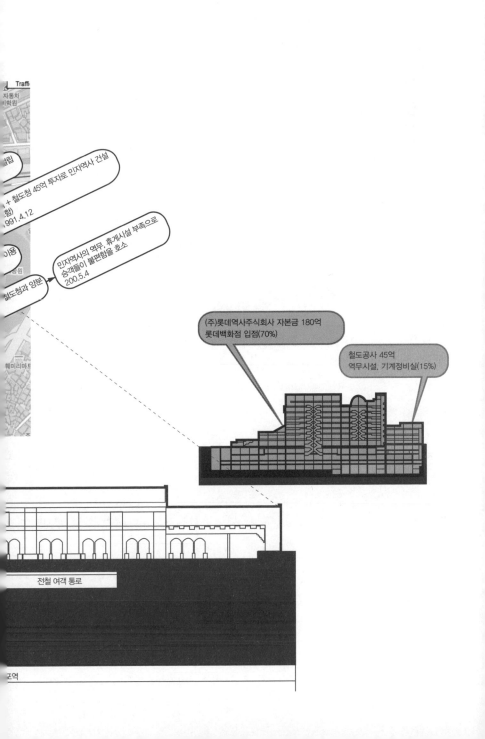

자동차
학원

립

+ 철도청 45억 투자로 민자역사 건설
험)
991.4.12

이용

철도청과 양분

민자역사의 역무, 휴게시설 부족으로
승객들이 불편함을 호소
200.5.4

(주)롯데역사주식회사 자본금 180억
롯데백화점 입점(70%)

철도공사 45억
역무시설, 기계정비실(15%)

전철 여객 통로

역

을지로입구역
롯데 연면적 160,208㎡
유동인구 95,103명(1일평균)

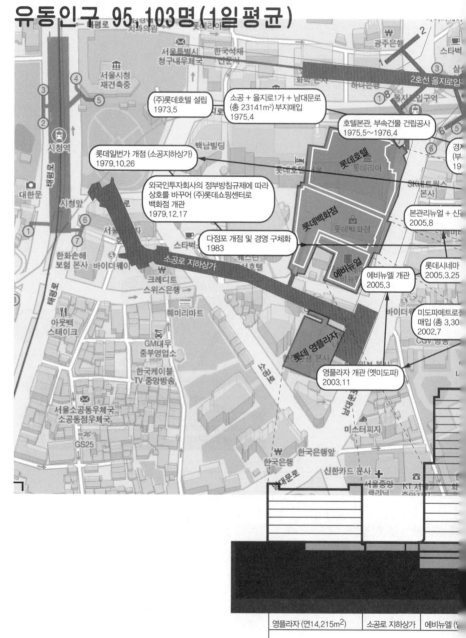

(주)롯데호텔 설립
1973.5

소공 + 을지로1가 + 남대문로
(총 23141㎡) 부지매입
1975.4

호텔본관, 부속건물 건립공사
1975.5~1976.4

롯데일번가 개점 (소공지하상가)
1979.10.26

외국인투자회사의 정부방침규제에 따라
상호를 바꾸어 (주)롯데쇼핑센터로
백화점 개관
1979.12.17

다점포 개점 및 경영 구체화
1983

본관리뉴얼 + 신
2005.8

롯데시네마
2005.3.25

에비뉴엘 개관
2005.3

미도파메트로
매입 (총 3,30
2002.7

영플라자 개관 (옛미도파)
2003.11

| 영플라자 (연14,215㎡) | 소공로 지하상가 | 에비뉴엘 (|

소공 롯데타운

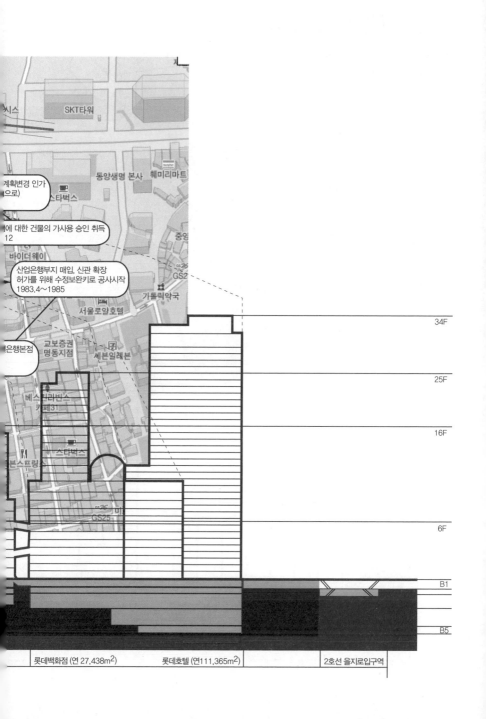

잠실역
롯데 연면적 1,213,000㎡
유동인구 149,087명(1일평균)

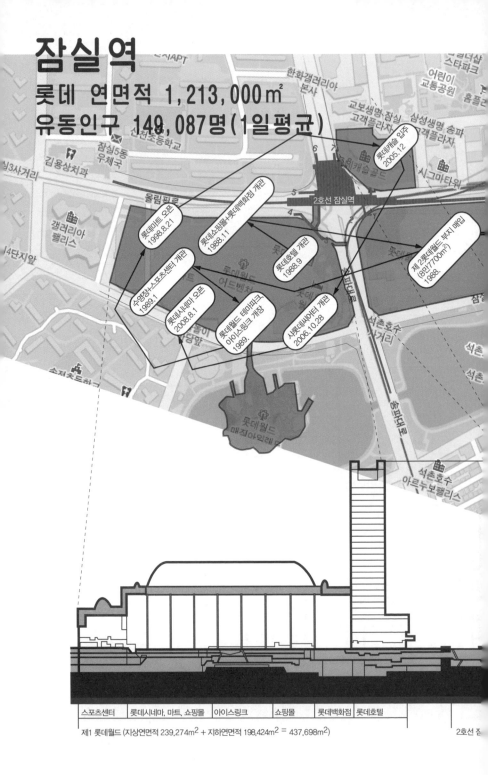

롯데캐슬 입주
2005.12

롯데마트 오픈
1998.8.21

롯데쇼핑몰+롯데백화점 개관
1988.11

롯데호텔 개관
1988.9

제 2롯데월드 부지 매입
(8만7700㎡)
1988.

수영장+스포츠센터 개관
1989.1

롯데시네마 오픈
2008.8.1

롯데월드 테마파크,
아이스링크 개장
1989.

샤롯데씨어터 개관
2006.10.28

2호선 잠실역

| 스포츠센터 | 롯데시네마, 마트, 쇼핑몰 | 아이스링크 | 쇼핑몰 | 롯데백화점 | 롯데호텔 |

제1 롯데월드 (지상연면적 239,274㎡ + 지하연면적 198,424㎡ = 437,698㎡)

2호선 집

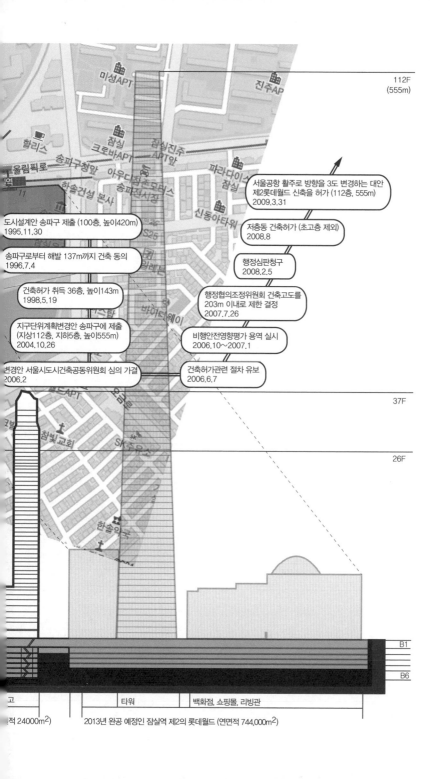

112F
(555m)

미성APT

진주AP

잠실
크로바APT
잠실진주
APT앞

할리스

올림픽로 송파구청앞
역 11
한솔건설 본사

파라다이스
잠실

아우디점 모터스

송파전시장

신동아타워

서울공항 활주로 방향을 3도 변경하는 대안
제2롯데월드 신축을 허가 (112층, 555m)
2009.3.31

도시설계안 송파구 제출 (100층, 높이420m)
1995.11.30

저층동 건축허가 (초고층 제외)
2008.8

송파구로부터 해발 137m까지 건축 동의
1996.7.4

행정심판청구
2008.2.5

건축허가 취득 36층, 높이143m
1998.5.19

행정협의조정위원회 건축고도를
203m 이내로 제한 결정
2007.7.26

지구단위계획변경안 송파구에 제출
(지상112층, 지하5층, 높이555m)
2004.10.26

비행안전영향평가 용역 실시
2006.10~2007.1

변경안 서울시도시건축공동위원회 심의 가결
2006.2

건축허가관련 절차 유보
2006.6.7

37F

참빛교회

SK주유소

26F

한솔아파트

B1

B6

고
타워
백화점, 쇼핑몰, 리빙관

적 24000m²)
2013년 완공 예정인 잠실역 제2의 롯데월드 (연면적 744,000m²)

4 우리가 호출되는 방식

1

돈 드레이퍼는 1960년대 미국의 잘나가는 광고대행사 중역 크리에 이티브 디렉터다. 그는 성공가도를 달리며 오직 능력만으로 자신의 위치를 확고히 하고, 전직 모델 출신인 아름다운 아내와 함께 꿈같 은 가정을 꾸린다. 그러나 그가 어디서 태어났고 그의 부모님은 어 떤 분인지, 그가 한국전 참전용사임을 제외하면 그의 과거에 대해 아 는 사람은 아무도 없다. 사실 그는 대공황 시절, 미국 빈민가에서 매 춘부의 아들로 태어났던 것. 때문에 그는 자신의 과거를 지우기 위해 이름을 바꾸고 모든 개인적인 사실을 비밀로 한다. 신문에 난 사진을 보고 어렵게 자신을 찾아온 동생에게도 거금을 쥐여주며 다시는 자 기 근처에 나타나지 말 것을 당부한다. / 드라마 〈매드맨〉

막노동자인 영달과 정씨, 술집 작부 백화가 각기 다른 이유로 감천 기차역으로 향한다. 정씨는 고향인 삼포에 정착하기 위해, 영달은 일 자리를 찾기 위해, 그리고 백화는 일하던 찬샘이라는 마을에서 도망 치기 위해. 정씨와 영달은 백화에게 찐 계란과 삼립빵을 쥐여주며 기 차를 타고 떠나라 한다. 백화는 영달에게 조금은 촌스러운 자신의 본명을 알려주며, 술집 작부였던 과거를 버리고 새 삶을 살기 위해 기차를 타고 떠난다. / 소설 「삼포 가는 길」

이탈리아 어부들은 지중해 한가운데서 총상을 입고 표류하는 한 남 자를 발견한다. 의식은 되찾지만 기억상실증에 걸린 그는 자신이 누구인지조차 모른다. 자기가 누구인지 알 수 있는 단서는 등에 입은 총상과 몸속에 숨겨져 있던 스위스 은행의 계좌번호뿐이다. 자신이 어떤 존재인지 알기 위해 스위스 은행에 보관돼 있는 소지품을 찾고 자기 이름이 '제이슨 본'임을 알게 되지만, 여러 개의 가명으로 만들어진 여권을 보고 자신의 본명과 국적, 정체성에 혼란을 느낀다. / 영화 〈본 아이덴티티〉

프랭크는 계속해서 모든 사람을 속인다. 전학 첫날 교사로 위장해 전교생을 골탕먹이고, 조종사로 위장해 모든 항공 노선에 무임승차하기도 하고, 회사 수표를 위조해 은행에서 거액을 빼돌리기도 한다. 심지어 그는 자신을 쫓는 21년 경력의 FBI 요원을 호텔방에서 마주치지만 정부 비밀요원으로 둔갑하여 또 그를 따돌린다. / 영화 〈캐치 미 이프 유 캔〉

아동심리학자 말콤 크로는 자신의 집에 뛰어들어 총기 자살한 환자의 영혼을 달래기 위해, 영혼을 볼 수 있다는 여덟 살 난 콜의 정신 상담 치료를 성심성의껏 계속한다. 한편 말콤은 가정의 위기를 맞는데, 그의 아내는 결혼식 때 찍은 비디오만을 계속 돌려보며 예전을 그리워할 뿐 남편과는 아무 이야기도 나누지 않으며 젊은 남자를 몰래 만나기도 한다. 말콤은 "왜 나를 버리고 떠난 거죠?"라는 아내의 혼잣말을 듣고서야, 그리고 영혼들은 자신이 죽었다는 사실조차 모른다는 콜의 이야기를 떠올리며 자신의 환자가 자살할 때 자신 또한 그 총에 맞아 죽었음을 깨닫는다. / 영화 〈식스 센스〉

얼마전 학력 문제를 놓고 네티즌과 가수 타블로 간의 뜨거운 공방이 벌어졌다. 네티즌들은 타블로의 개인 신상 정보와 인터뷰 등, 그의 사생활을 엿볼 수 있는 모든 것을 재조합해 진실 여부를 알 수 없는 의혹들을 쏟아내고 그것을 통해 타블로의 학력이 거짓임을 주장했다. 네티즌들의 의혹을 불식시키기 위해 타블로는 스탠포드대학 졸업장까지 공개했고 스탠포드대학에서도 타블로의 졸업 사실을 확인했지만, 네티즌들은 여전히 의혹을 거두지 않았다. 졸업증명서 공개에도 그치지 않는 의혹 때문에 추가로 공개한 졸업 앨범의 사진조차 소용이 없었다. 오히려 그 증명서와 사진은 그들의 주장을 뒷받침하는 좋은 증거가 되기도 했다. 누군가는 졸업증명서에 붙은 실Seal의 이미지가 합성임을 주장했고, 사진의 품질을 문제 삼아 사진 속 인물이 타블로가 아닐 것이라는 주장을 펴기도 했다. 게다가 의혹은 타블로 본인뿐 아니라 그의 가족 모두의 학력과 경력에까지 미쳤다. 타블로의 아버지가 서울대 토목공학과를 졸업했음을 의심하고, 누나 이선주 씨의 코넬대 학력과 미국 변호사 자격증 취득 사실은 물론, 형 이선민 씨의 컬럼비아대 석사학위까지 의심했다. 그들은 타블로라는 존재뿐 아니라, 그의 존재를 유일하게 증명해줄 수 있는 가족과, 타블로의 졸업 사실을 증명한 출신 대학마저 의심했다. 덩달아 혹자는 타블로가 작사 작곡한 음악에 표절 의혹까지 제기하며, '외국 명문대학을 졸업한 유능한 힙합 뮤지션'이라는 타블로가 가진 타이틀의 면면이 모두 거짓임을 주장했다.

　　타블로 사건을 보면서 누군가는 지난 2006년 언론이 열광스레 조명했던 모 큐레이터의 학력 조작 사건을 떠올리며 학벌지상주의에 혐의를 돌릴지도 모르겠다. 그러나 모 큐레이터의 경우 그가 자신의 직분을 수행하는 데에서 학력은 어쩌면 필수적인 조건이었던 데 반해, 타블로의 대중음악가 또는 연예인으로서의 순수한 자질에 학력은 가장 핵심적인 요건이 아니다. 그가 연예계에 데뷔하기 위한 첫 발판으로서 자의건 타의건 그런 눈부신 학력을 이용했다는 것은 부인하기 힘들지만, 이후의 활동이 뒷받침되지 않았다면 그가 지금의 위치에 서 있기는 불가능했으리라 말할 수도 있다. 그가 만약 실제로 학력을 위조했다면 조롱거리가 되거나 비난받아 마땅하겠지만, 끔찍할 정도로 살벌한 경쟁에서 살아남기 위해 벌인 촌극쯤으로 여기거나 가짜 페르소나를 둘러쓴 대담하고 영악한 쇼맨십으로 칭송해줄 용의도 있다. 그런데 우리가 여기서 주목하는 것은 타블로의 실체보다는 이 같은 이벤트가 벌어지는 일련의 과정 그 자체다.

대한민국 국민은 처음 태어나 동사무소에서 출생신고서를 작성하고 주민등록번호를 발급받는 것으로 대한민국의 국민임을 국가에 신고한다. 그리고 대개 10대 후반에 주민등록증을 발급받는다. 발급통지서를 받고 동사무소에 들러, 가장 깔끔하고 단정하게 찍은 증명사진을 내밀고, 스탬프 잉크를 열 손가락에 골고루 묻혀 서류에 찍는다. '성인이 되었음'을 국가가 공적으로 인증해주는 이 성인식은, 채 스물이 안 된 소년들의 마음속에 뿌듯함과 동시에 추상적이기는 하지만 국민으로서의 의무감과 사명감을 지운다. 이처럼 존재의 시작을 국가에 의해 강제된 신고와 함께하는 한국인들은, 신상 정보를 제공하는 것에 익숙하고 누군가의 신상 정보를 아무렇지 않게 뒤지거나 요구하는 데도 익숙하다.

미국 범죄수사물에서 흔히 보는 풍경 중의 하나. CODIS^{Combined DNA Index System}에 지문이 등록되어 있지 않아, 흉기에서 채취한 지문이 용의자의 것임을 입증할 수 없어 어쩔 수 없이 용의자를 집으로 돌려보낸다. 이런 장면을 보며 한국 시청자들은 "역시 한국 주민등록증 제도가 최고야"라며 주민등록 제도에 찬사를 보낸다. 사람들은 이 시스템이 전과자들과 위험인물을 가려내 선량한 대한민국 국민들을 범죄자들로부터 지켜줄 것이라 믿는다. CCTV는 내 일거수일투족을 감시하는 기기라기보다 모든 사람을 범죄로부터 보호하는 장치다. 또한 가장 강력한 평등 의식을 가진 나라의 국민답게 나 하나만이 아니라 모두가 평등하게 같은 시선의 대상이 된다고 여기기 때문인지 뚜렷한 불만은 나오지 않는다. 그러나 CCTV를 통해 사람들을 바라보는 것은, 지문을 수집하고 신분증을 발행하는 국가의 시선과 동일하다.

잘 만들어진 전자정부 사이트에 접속해 자신의 주민번호를 입력하면 수백 종류에 달하는 공문서를 컴퓨터 단말기 상에서 얻거나 열람할 수 있다. 대부분의 문서들이 이미 주민등록번호 등의 필수적인 개인 정보를 담고 있거나 혹은 그 정보를 반드시 제출하라 요구한다. 공공기관뿐인가. 여느 웹사이트에 가입할 때도, 심지어 지하철 한쪽에 놓인 민원발급기도 엄지손가락의 지문을 버젓이 요구한다. 그러나 대한민국 국민 어느 누구도,

아무렇지 않게 주민등록번호를 요구하는 시스템에 이의를 제기하지 않는다. 결국 미국 명문대를 졸업한 캐나다 국적자가 거듭되는 네티즌들의 신분 증명 요구에 지쳐 내놓은 증명들이 그들의 성에 차지 않았음은 어쩌면 당연한 일일지도 모르겠다.

인터넷 가상공간이 활성화되고 그 초기와 중기까지 정체성에 대한 논의는 아바타와 아이디를 위시해 가상현실을 위한 가상의 나를 그때그때 창조해서 사용하는 익명성 쪽에 초점이 맞춰져 있었다. 그러나 페이스북과 트위터, 싸이월드와 같은 이른바 소셜 네트워크 서비스가 온 국민(네티즌)의 의사소통 창구가 되면서, 또 가상공간에서 아바타나 익명의 아이디로 한 행위들도 결국 기록이 남고 누구나 그 기록에 접근할 수 있다는 점에서 개개인의 신상 정보에 대한 접근 장벽이 낮아졌고, 접근하고 수집할 수 있는 신상 정보의 종류 또한 다양해지는 흐름으로 바뀌었다. 주민등록등본과 등기부등본이 개인의 거주지와 기본적인 신상 정보 등을 국가나 공권력 또는 권력을 가진 소수만이 접근할 수 있도록 했다면, 이 사이버스페이스는 대한민국 곳곳의 누구나뿐 아니라 국경 너머의 이름 모를 누군가에게도 접근을 허락한다. 또 등본에 쓰인 개인 정보는 통지서에 의해 강제된 것이지만, 따뜻하고 정감 있게 디자인된 가상공간에 놓인 정보들은 사람들이 기꺼이 전시한 것들이다. 사람들은 뉴욕에서 공부하는 미모의 유학생이 무엇을 먹는지, 혼자 머문다는 뉴욕의 집 인테리어는 어떤지, 그녀의 미국인 친구들은 어떤 사람들인지 궁금해하며 매일매일 유학생의 블로그에 출근 도장을 찍는다. 또 그녀는 기꺼이 자신의 집 인테리어 사진이나 현지 친구들과 함께한 술자리 사진, 음식 사진 들을 바쁘게 올린다.

이처럼 익명의 존재들은 인터넷에서 자유롭게 접근하여 얻은 개인의 사적 정보를 갖고 일면식도 없는 타인에 대해 아주 잘 안다 여기고, 심지어 그를 평가할 수 있다고 생각한다. 앞의 유학생의 경우처럼 오직 그녀가 올린 짤막한 글과 사진을 보면서 그녀를 평가하며 한편으로는 부러워하기도 한다. 사람들은 그녀가 생활비가 모자라 하루 두 끼도 챙겨 먹기 힘들다거나, 영어 실력이 모자라 수업을 따라가기가 힘들고 현지인들과의 의사소통이 어려워 외로움을 느낀다거나 하는 비루함까지는 알지 못한다. 아니, 알고 싶어 하지도 않는다. 물론 그녀도 그 비루함을 자신의 공간에 전시할 생각은 없다. 그들에게, 그리고 그녀 자신에게도 그녀는 '뉴욕에서 공부하는 미모의 유학생'일 뿐이다. 가상공간에서 내려지는 이런 종류의 평가들은 어떤 순간에는 공적인 힘을 발휘하기도 한다. 아이돌 그룹 2PM 의 멤버 재범의 그룹 탈퇴 사건이나 매번 인터넷 게시판을 뜨겁게 달구는 'XX녀' 논란, 그리고 방송인 김미화가 트위터에 올린 글 때문에 곤혹을 겪은 일 등은 이러한 평가들이 비극적인 결말을 낳은 경우다. 대부분 이러한 이야기의 결말은 소장訴狀이 오가는 것으로 마무리된다.

소장이 오고 가는 것보다 더 무서운 것은, 사람들이 그 정보를 통해 타인을 평가하는 데서 더 나아가 개인의 정체성과 존재를 정의하는 데 사용한다는 것이다. 이 경우에 인터넷 실명제는 아무런 개선책이 되지 못한다. 가상공간에 실명보다 더 중요한 개인의 관계와 생활이 까발려져 있다. 이 평가들은 개인 차원에서 머물지 않고 일종의 공적 가치까지 획득한다. 위와 같은 시끌벅적한 일련의 사건들 덕분에 가려서 미처 보이지 않았을 뿐 주민등록 정보를 기반으로 우리를 통제하던 국가, 혹은 국가와 동일시되는 권력들은 조용히, 어떤 수고도 들이지 않고 우리를 평가하고 '구글링' 하기 시작했다. 감시자는 블로그에 올라와 있는 글과 동영상뿐만 아니라 메일 내용까지 수집해 한 개인의 정체성을 판단하고 평가한다. 심지어 가상공간에 널려 있는 그 사람의 파편을 자신들이 원하는 모습으로 재조합하여 사상이 불온한 위험인물이라고 단정 짓기도 한다. 일견 부당해 보이는 이런 방식의 평가와 정보 수집은 국가 이외의 권력들에도 유용하다. 기업의 인사 담당자들은 이력서와 자기소개서만으로는 개개인의 면면을 알기에 부족하다고 느끼는지 메일 주소와 이름 등을 이용해 지원자의 미니홈피와 블로그를 들여다본다. 이를 통해 어떤 이는 '사교성이 떨어지는 내성적인 사람'으로 평가되고, 어떤 이는 '사회비판적이고 조직에 순응하기 어려울 것 같은 사람'으로 평가된다.

평범하게 사람들과 부대끼며 살아가는 개인이 누군가의 잣대로 평가받고 재단당하는 상황에 끊임없이 직면한다는 사실은 별로 놀라운 일이 아니다. 그런데 가상공간과 이를 매개로 한 새로운 관계들이 등장하기 전까지, 타인에 의해 재단된 정체성은 얼마든지 나 자신이 개입해 그것을 뒤틀 수도, 실제 나와 비슷한 자리에 가져다놓을 수도 있다. 하지만 가상공간 속에 산재한, 나도 잘 모르는 나에 대한 정보들은 이상하게 재조합되어 운이 좋으면 정말 '나'가 되고, 운이 나쁘면 나도 잘 모르는 '나'가 된다. 그 정보들은 삭제하려고 해도 삭제되지 않고 '나는 너'라고 주장한다. 그건 나의 참모습이 아니라는 말은 공허하게 가상공간을 떠돌다 표류하고 만다. 나도 모르는 '나'는 네티즌들의 화면을 떠돌다 마침내 공적인 것이 된다. 나도 모르는 '나'가 권력자의 손에 들어가면 주민등록번호과 등기부등본처럼 나를 알려주는 정보가 되어 문서화되고 코드화된다. 안타깝게도 이 코드는 등기부등본에 잘못 적힌 주소처럼 민원으로 해결할 수 있는 것이 아니다. 그러기에 이 코드는 너무 많은 증거와 증인을 가지고 있다.^{프로젝트 a}
참조 / 166~179쪽

2

1982년 부모님은 주택은행의 20년 만기 상환의 주택부금을 이용해 연립주택 한 채를 마련했다. 상계동의 1,800만 원짜리 연립주택 한 채를 구입하기 위해 모은 돈과 주변에서 빌린 돈으로도 충당되지 않던 600만 원을 주택부금으로 받아 메웠다. 이 대출금은 만기가 돌아오기 전인 1996~1997년경에 이 연립주택의 재건축 분양을 위해 신규 대출과 함께 정산했다.

1993년 어머니는 사업 자금이 필요한 외삼촌을 위해 연립주택을 담보해서 4,000만 원을 대출받고, 사채를 동원해 2억여 원을 마련했다. 이 중 주택에 걸린 대출금은 1994년 어머니의 형제에게서 자금을 융통받아 갚았고, 나머지는 1997년경 이 연립주택의 재건축 분양 때 이

주비 등을 통해 변제했다.

1996년 어머니는 은행에서 처음으로 마이너스 통장을 발급받았다. 외삼촌과 관련된 대출 등의 문제로 급격하게 악화된 가계에서 마이너스 통장은 매우 중요한 역할을 했다. 언뜻 보기에 대출과 신용카드 사이의 애매한 성격인 이 마이너스 통장은 매월 일정 금액을 갚는다면 계속해서 이용할 수 있었다.

1997년 가을 아버지가 오랫동안 재직하던 직장에서 실직했다. 부모님은 일산 대화역 근처에 중소형 슈퍼마켓을 인수하기 위해 돈을 빌렸다. 시가 10억짜리 건물을 4억에 구매하기로 하고 계약금을 납부했다. 한빛은행에서 재건축한 아파트를 담보로 3억 원을 신청한 결과 12월 10일 대출이 결정되었다. 그러나 12월 12일 IMF가 터지면서 모든 대출이 철회되었음을 통고받았다. 부모님은 1998년 중순까지 슈퍼마켓을 운영했으나 높은 임대료를 견디지 못하고 결국 폐업하였다.

1998년경부터 자녀들이 고등학교를 졸업하고 대학에 진학하기 시작했다. 2000년대 중반까지 아들들의 등록금 일부를 학자금 대출을 통해 조달했다. 2001년 우리은행에서 3,000만 원의 대출을 받아 중계본동에 위치한 후미진 5층 주택의 4층과 5층을 임대했다. 양쪽 부모님을 모두 모셔야 했기 때문이었다.

2006년 경기도 안산의 5층 건물을 2억 원의 대출이 포함된 5억 원에 구입하기로 하고 재건축 아파트를 담보로 새로 대출을 받아 1억 원을 먼저 납입하고, 후에 아파트를 팔아 건물에 걸려 있던 기존의 대출금을 제외한 모든 금액을 지불했다.

부모님이 가정을 꾸리면서부터 지금까지의 가계 대출의 역사는 가족 구성
원의 개인사와 가족사의 흐름과 온전히 맞물린다. 1970~1980년대까지
지방에서 상경한 이들이 결합해 만든 많은 가정들이 그렇듯이 나의 부모
도 조부모로부터 유년기를 제외하면 교육부터 결혼, 집 장만 등에 아무런
도움도 받지 못했다. 교육과 대출은 고도 성장기에 도시민들이 받을 수 있
는 가장 큰 기회이자 혜택이었다. 고등교육으로 계층의 장벽이 낮아져 갖
게 된 안정된 직장생활에서 나오는 고정된 수입과 이를 기반으로 한 장기
주택자금대출 등이 없었다면 그들의 자녀 양육과 내 집 마련은 불가능했
을 것이다. 1990년대의 극단적인 자산 인플레의 중심에서 한껏 벗어난 서
울 변두리였음에도 1,000만 원 남짓의 연립주택이 20년이 채 지나기 전에
재건축 아파트가 되어 수억 대의 자산으로 변모하기도 했다. 구제금융 시
대의 시작과 동시에 찾아온 가장의 실직과 그에 따른 자영업 전환 구상 또
한 금융권을 통한 모든 대출이 전면적으로 철회되면서 위기에 놓였다. 비
슷한 시기에 자녀들의 대학 학자금은 또 다른 대출로 충당하는 수밖에 없
었다. 재건축을 통해 마련한 아파트는 이후 필요에 따라 다시 담보가 되어
더 큰 부동산을 구입하는 바탕이 되었다. 이런 대출의 역사가 모든 이들에
게 동일하게 나타나는 것은 아니겠지만, 경제적으로 비슷한 수준의 계층
사람들은 유사한 경험을 했음을 알 수 있다.

　　외삼촌을 위해 사채를 사용했다 가계를 어렵게 꾸려간 기억을 갖고
있는 어머니는 고통스러웠던 과거임에도 사채를 썼다는 사실 자체에는 크
게 개의치 않는 듯했다. 가족을 위한 선택이었다는 것을 염두에 두더라도
대출, 사채를 막론하고 자산의 규모보다 훨씬 큰돈을 빌려서 쓰는 것을 부
정적으로 인식하거나 그것에 윤리적인 가치를 적용하지 않고, 가계를 꾸
리는 데 자연스럽고 필수적인 과정이라고 여기는 듯했다. 가족의 대출 역
사에 대해 물었을 때, 대출의 역사가 자신의 인생, 그리고 가족의 역사와
같다고 한 것도 어머니였다. 사채는 주로 주변에 여유 자금을 가진 전주
들이나 사업가들에게 빌렸다. 당시의 나로선 알 수 없었지만, 초중등 시절
동네에서 무척 친하게 지내던 또래 친구들의 몇몇 부모도 그중에 끼어 있

었다. 사채를 쓴 것이 잘못된 선택임을 깨닫는 것은 그리 오래지 않아서였
다. 기한 내에 갚지 못했을 때, 채주가 주변 이웃이거나 친지일 경우 아예
완전한 타인을 대하기보다 고통스러웠을 것은 자명한 일이었다. 오히려
어머니가 사채를 쓸 것을 결정한 이유는 여러모로 오랜 기간 좋은 신용을
유지했기 때문에 주변에서 다들 거리낌 없이 돈을 빌려주었기 때문이었다.

이처럼 주변의 개인적인 네트워크를 통해 이뤄지는 경우가 많았던
사채의 양상이 확연히 달라지며 그 변화가 표면적으로 드러난 것은, 35
년간 유지되어오던 이자제한법이 1998년 폐기된 후 대부업체들의 각 매
체 광고가 엄청나게 늘어나면서부터다. 2006년 영화배우 최민식이 대부
업체인 리드코프 TV 광고에 출연하면서 대출 광고에 대한 반감은 최고조
에 달했고, 결국 2007년에는 IMF 때 폐기되었던 이자제한법이 부활했다.
대부업체 광고가 등장한 초창기에는 인기 연예인이 모델로 나왔다. 때문
에 대부업체의 존재가 보통 사람들에게 공공연하게 알려지게 되었다. 대부
업 문제가 수면 위로 올라오면서, 당연하게 여기던 대부업체들의 높은 이
율과 불법 추심으로 많은 사람들이 피해를 입는 일이 여론에 오르자 대부
업체의 광고뿐 아니라 그 광고에 출연하는 모델에 대한 반감도 커졌다. 이
후 대부업체의 광고에서 일급 연예인들은 찾아볼 수 없게 되었고, 대신 귀
여운 캐릭터나 애완동물, 여성이 등장해 부드럽고 접근하기 쉬운 이미지를
획득했다. 하지만 광고에 등장하는 모델이 바뀌고 법령이 바뀌어도 현실
은 여전했다. 대부업체의 수도 거의 줄지 않았다. 그러나 이런 광고들이 딱
히 어떤 세기말적인 부도덕함, 폭리나 폭력적인 불법 추심을 배경으로 하
는 전형적인 사채의 이미지와 연결되기만 하는 것은 아니다.

필승! 흑룡 976기 이형석입니다. 먼저 이런 홍보물을 올려 죄송한 말
씀 드리며 예비역 선후임 분들의 무궁한 발전을 기원하며 우량 기업
종사자 분들을 위한 한국씨티은행의 직장인 신용대출에 관하여 안내
해드리겠습니다. 공사다망하시더라도 참조바랍니다. 씨티은행에 조
건이 안 되시더라도 타금융 쪽으로 상세히 상담해 드리겠습니다

★한국씨티은행 직장인 무담보, 무보증 신용대출(최저 5.50%부터)
****한국씨티은행의 최대 장점은 연봉보다 기존 대출이 두 배 정도.
／ 출처: 해병대 인터넷 전우회 게시판

인터넷 게시판을 비롯해 포털사이트의 댓글란, 메일함, 휴대 전화 문자메시지함에는 대출 관련 문자가 범람한다. 어떻게 개인 정보를 수집했는지는 알 수 없지만, 특정 대상을 지칭하는 대출 관련 문자메시지도 종종 받는다('20대 미혼 여성 전용 대#출#'). 대출을 받는 일련의 과정을 살펴보면, 개인의 연령과 휴대 전화 번호를 비롯한 정보 수집이 그들에게 그다지 어려운 일이 아님을 알 수 있다. 개인의 신용도와 관련한 모든 신상 정보가 시중 은행부터 소비자 금융까지, 또 모든 카드사와 신용 관련 기관을 통해 공유되고 있기 때문이다. 이제 주변 사람에게 쌓은 신용으로 돈을 융통하거나 아파트나 주택을 담보로 은행에서 대출받는 일은, 은행과 제2금융권 그리고 소비자 금융, 대부업체가 짜놓은 회로상에서 신용평가회사에서 제공하는 개인 신용 정보를 매개로 수동적으로 움직이는 일로 대체되었다. 구제금융 이후 부모님이 슈퍼마켓을 인수하기 위해 은행에서 대출을 받으려고 했던 일이 좌절되었던 것처럼, 이미 고도 성장기가 지나버린 시점에서 제1금융권이 그때까지 자산을 일정 이상 축적한 이들을 제외한 사람들에게 쉽게 대출해줄 리 만무했다. 결국 1996년 4조 원대의 대부업 대출 규모가 2005년에만 40조 원대로 폭발적으로 증가한 것은 그만큼 1, 2금융권에서 대출받는 일이 어려워졌다는 반증이기도 하다.

　　노이즈처럼 일상 속에 고착화되어 사람들을 거슬리게 하거나 유혹하는 대출 광고들은 그런 현실이 표면에 드러난 것에 가깝다. 우리가 여기서 주목하는 것은 거슬리는 노이즈로서의 광고들보다, 이 과정에서 개인의 경제적 주체성이 한번 기록되기 시작하면 계속해서 중첩되어 끝없이 따라다니는 이 신용 기록에 절대적으로 의존한다는 사실이다. 이런 방식의 신용 평가와 신용 점수제가 확고한 미국에서는 개인 신용 점수에 문제가 있으면 신용카드 발급, 주택 임대, 유선 전화, 휴대 전화의 개통도 불가능하다. 차를 살 때도 신용도가 나쁘면 별도의 증빙서류를 제출해야 한다. 취업이나 인사 배치 때도 신용 점수가 기초 자료로 활용된다. 국내의 경우도 이미 이와 크게 다르지 않다. 신용등급의 하위 3분의 1은 은행권에서의 대출이 아예 불가능하고, 하락된 등급은 좀처럼 되돌리기가 어렵다. 제3금융권의 대표적인 업체 한 곳은 최근 삼성 SDS와 1, 2금융권 수준의 온라인 금융 서비스를 위한 차세대 전산 시스템 구축 프로젝트 계약을 맺었다. 이제 신용평가회사들은 국제 금융권과 연계해 이 신용 정보를 세계적으로 공유하려는 움직임까지 보인다. 신용 평가 시스템이 부실하니 미국처럼 통신·수도·전기 요금 등의 공과금, 세금, 국민연금 등의 납부 실적까지 신용 등급에 반영하자는 주장도 나온다.

이제 개별적인 경제적 주체로서의 개인의 인생에서 가장 중요한 신용의 문제는 사람들 사이의 문제가 아니라 이 신용 점수를 관리하는 데로 초점이 옮겨갔다. 계좌를 하나 개설하거나 신용카드를 발급받거나 대출 상담을 받거나 하는 등의 대부분의 경제적 행위는 사소한 것일지라도 신용 점수를 잃지 않기 위해 전전긍긍하며 자기 검열 아래서 실행될 수밖에 없다. 신용 평가의 밑바닥에서 무엇이 우리를 기다리고 있는지 잘 알기 때문이다. 이와 같은 신용 평가 시스템이 개인의 정체성을 결정하거나 삶의 근본적인 부분들에 절대적인 권위로 작용하는 등의 영향력에 비해, 우리가 이 시스템의 구조와 작동 논리에 동의하거나 영향력을 행사하기는 거의 불가능하다. 우리는 이 시스템이 1990년대까지의 시중 은행들의 부실을 막기 위해 도입되었다는 것을 안다. 그러나 그렇다고 해서 정상적인 은행 대출은 극단적으로 제한적인데 국가가 밑바닥 사채의 살인적인 이율까지 보장해주는 상황에서 모든 금융업체가 개인들의 신용 정보를 공유하며 쥐고 흔드는 이 시스템을 우리가 동의해야 할 이유가 있을까.**프로젝트 b 참조 / 180~193쪽**

3
───

초등학교 시절 동네에는 '애수'라는 쓴 간판이 달린 아주 조그만 가게가 있
었다. 그 옆에도 '풍차'라든가 '애인'이라든가 하는 비슷한 면적의 가게들이
늘어서 있었다. 창문에 보라색 시트지가 덕지덕지 붙어 있고, 예쁜 꽃 그림
옆에 '맥주, 양주, 소주'라고 쓰인 모양들이 비슷했는데, 그저 동네 맥주집
이려니 했었다. 밤에 어머니와 그 앞을 지나갈 때, "저런 거 보면 안 돼!"라
며 내 눈을 가리던 어머니의 행동에 어떤 의미가 있었는지 알지 못했다. 그
앞을 지나갈 때는 어머니도 아버지도 시선을 다른 곳으로 돌렸고, 나도 부
모님을 따라 가게가 시야에 들어오지 않은 것처럼 행동했다.

　중학교 시절 방과 후 다녔던 보습학원의 통원 차량은 밤늦게 그 앞
을 지나가고는 했다. 호기심에 통원 차량이 그 앞을 지나갈 때마다 흘끔흘
끔 '애수'의 불빛을 훔쳐보았다. 다른 곳을 보는 척하면서, 검은색 짧은 드
레스를 입고 사람들과 차를 바라보는 아가씨의 얼굴과 몸매를 훔쳐보았
다. 버스를 타고 다니는 통학 길에는 '애수'와 '풍차'에서 한 블록 떨어진 곳
에 기다란 담장이 이어지는 동네가 있었다. 그곳은 세차장에서 본, 세로로
긴 주황색 비닐이 여러 장 붙은 비닐커튼이 달린 건물들이 즐비했다. '미성
년자 출입 금지 구역'이라고 적힌 종이가 붙어 있는 커튼이 지나가는 사람
들이나 바람에 우연히 들춰질 때마다 슬쩍슬쩍 보이는 안쪽의 광경은 호
기심과 수치심을 동시에 자극했다.

　"내가 졸업한 고등학교가 반포 근처에 있었잖아. 8학군에 속했고 근
　처에 괜찮은 주공아파트랑 영어 학원 같은 게 많아서 전체적으로 분
　위기가 좋았지. 우리 재단 학교도 하나 더 있었고. 학교 마치고 집에
　가는 길에 이수교를 건너야 했는데, 그 어귀에 조용하고 분위기 좋아
　보이는 커피숍들이 있었거든. 너도 지나가 봤다니 알겠지만 간판 글
　씨도 되게 예쁘고, 인테리어가 밖에서 잘 보이진 않았지만 왠지 분위
　기 있을 것 같고……. 그래서 야간자율학습 안 하는 날 친구랑 그 커
　피숍을 가보자 해서 이수교까지 걸어갔거든. 문 열자마자, 화장이 엄

청 진하고 몸에 딱 붙는 짧은 튜브탑 드레스를 입은 여자가 마스카라를 칠하다 말고 신경질적으로 '여기 그런 데 아니에요' 하고 우리를 내쫓는 거야. 그 안을 엿본 건 잠시였지만, 그 안에는 그 여자 말고도 여러 여자들이 화장을 하고 몸단장을 하고 있었어. 옷도 굉장히 짧고 딱 붙는 옷이었던 것 같아. 친구랑 나는 느낌으로 알아챘지. 아, 여기는 우리가 생각하는 보통 커피숍이 아니구나 하고……. 그 커피숍에서 그렇게 쫓겨나온 뒤부터는 보니까, 전혀 그럴 것 같지 않은 동네 근처에 그런 것들이 종종 있더라. 겉으로 봐서는 잘 몰라. 그게 커피숍인지 그런 곳인지……. 밤에도 잘 몰라. 그냥 고상한 커피숍 정도로만 보이거든. 대체 어떻게 알고 찾아가나 모르겠어."

신촌에 거주하며 대학교에 다니던 무렵, 신촌 로터리 주변은 지금도 그렇지만 참 번잡하기 이를 데 없었다. 한쪽 대로변은 커피숍과 떡볶이를 파는 포장마차가 점령하고 있었고, 건너편에는 쇠락해가는 오래된 백화점을 중심으로 주점과 시장이 자리하고 있었다. 어느 날 평소처럼 신촌 지하철역에서 내려 집으로 향하던 길이었다. 무심코 누군가의 학생증을 발견하고 집어 들었다. 학생증의 주인은 예술문화대학 회화과 학생이었고, 갓 입학한 새내기였다. 매력적인 미소를 지닌 소녀가 학생증 속에서 웃고 있었다. 그런데 그것은 학생증이라 하기에는 너무 얇았고, 마치 명함과 같은 촉감을 가지고 있었다. 학생증의 뒷면에는 이름이 없는 어떤 건물로 향하는 약도가 그려져 있었다. 그제서야 진짜 학생증이 아님을 깨닫고 허무한 마음이 들어 바닥에 버렸다. 한참을 걷다 바닥에 놓인 다른 색깔의 학생증을 발견하고 또 집어 들었다. 아까의 학생증과 조금 다른 디자인에 이번에는 무용을 전공한다는 여자애가 웃고 있었고, 뒷면에는 아까 본 것과 같은 약도가 그려져 있었다. 곳곳의 골목길에 주차된 자동차의 와이퍼에도 그 명함과 학생증이 빼곡히 끼워져 있었다. 이 가짜 학생증에 시선을 빼앗겼다고개를 들어보니 무슨 무슨 안마라는 네온사인이 건물 한 층 사면에 가득했고, 붉은색과 푸른색 패턴이 교차되며 돌아가는 이발소 간판 전등이 두어 개씩 지하로 내려가는 입구에 자리 잡고 있었다.

어느 날인가부터는 업소의 이름만 달랑 쓰여 있거나 화려한 일러스트가 그려진 알록달록한 명함 크기 판촉물이 눈에 띄었다. 노래방 판촉물이었다. 노래방이 이렇게 열심히 홍보를 하는 곳이었나 하고 생각하던 차에, 노래'방'의 받침 'ㅇ'이 하트로 대체되어 있다는 것을 깨닫게 되었다. 노래바로도 읽히고, 노래방으로도 읽히는 괴상한 한글 타이포그래피를 발견하고 비슷한 것들이 없나 둘러봤다. 노래방, 가요방, 노래빠♪. 해당 가게의 네온사인은 뱅뱅 돌아가는 이발소의 등보다도 훨씬 평범해서, 친구들과 'Lite' 따위의 이름을 가진 맥주향 탄산음료를 마시면서 노래를 부르곤 하는 여느 노래방과 다를 바 없었다. 그렇지만 초등학생 때와는 달리 이제 나도 실상을 조금 알 수 있게 되었는데, 아마도 그 '노래빠'에는 남자들이 한바탕 즐기는 것을 '도와주는' 예쁜 도우미들이 상주하고 있을 것이다.

> "첫 직장의 사무실이 논현동이었어. 매일이 야근이라 원래 다니던 미용실에 갈 시간이 없어서 저녁식사 시간, 그러니까 6시 30분쯤 회사 근처 비싸 보이는 주택가 골목길 안쪽에 있는 괜찮아 보이는 미용실에 들어갔어. 문을 열고 들어서자마자 담배 연기가 자욱했어. 머리 길고 예쁜 아가씨들이 말보로 레드를 하나씩 물고 거울 앞에 앉아서 머리를 말고 있더라고. 미용사들이 약간 당황해하며 날 쳐다보더니 머리 감으러 오라며 안내했어. 아, 무슨 연예인 지망생들이 오는 곳인가 하고, 와 머리 잘하는 데인가 봐 하고 자주 갔지. 그때마다 예쁜 아가씨들이 우르르 몰려와서 메이크업을 하거나 손톱 손질을 받고서 다시 우르르 밴 같은 걸 타고 사라지곤 했어. 그런데 나중에야 그 동네가 말로만 듣던 텐프로로 유명하단 걸 알게 돼서 이상한 기분이 들었어."

한때 한국에서 성매매는 미군 주둔에 따라 '미군을 만족시키고 조국을 위해 외화를 버는' 일이라는 이유로 장려되기도 했고, 박정희 정권 이후 도시가 급격히 팽창하고 농촌이 해체되는 과정에서 확산되었다. 이후로도 그 자체를 일종의 서비스 산업으로 여기고 용인하는 분위기가 있었다고는 하지만 어디까지나 암묵적인 것이었고, 이를테면 성을 사고자 하는 사람들이 일정한 지역으로 찾아가거나 일정 인물과 접선해야 비로소 만날 수 있는 것처럼 은밀하게 이루어졌다. '남자'로 만들어주겠다며 군대 가기 전에 선배들이 은밀히 데려가는 하룻밤 몇만 원짜리 업소부터, 기업인들의 술자리가 이루어지는 2차 3차, 그리고 하룻밤 몇백 몇천이 우스운 고급 요정에 이르기까지 이미 나름대로의 지역과 생태계를 형성하고 있었지만 그들이 먼저 몸을 드러내 보이는 경우는 그리 많지 않았다.

반면, 지금에 와서는 굳이 성을 사고자 하지 않더라도 그들과 마주치기는 어려운 일이 아니다. 최신 광고 기술은 항상 포르노 사이트가 제일 먼저 도입한다는 농담이 있지만, 농담으로 치부하기에는 이미 우리의 휴대 전화에는 하루에도 몇 개인지 알 수 없을 만큼 많이 날아오는 성적 '제안'들로 가득하다. 실명 확인과 추천을 통해서만 가입할 수 있는 인터넷 카페 역시 어디서 어떻게 알고 들어왔는지 모를 이들의 광고에서 자유롭지 않다. 이미 오래된 얘기지만 스카이러브 등의 인터넷 채팅방이 '즉석 만남'의 전용 창구로 이용되고 있다는 소문은 너무 많이 들어서 식상할 정도가 되었다. 외로운 싱글들을 위해 남녀 회원들의 '건전한 만남'을 주선하는 '애인 대행업체'까지 생겼다고 하는데, 인터넷상에서 쪽지와 연락처를 주고받은 그들의 만남이 대체로 무엇을 위한 것일지는 상상하기 어렵지 않다. 애인 대행 사이트에 미성년자의 가입은 금지되어 있지만 '번호 따기'라부르는 주민등록번호의 도용을 통해 가입한 후 경제적으로 자립이 어려운 미성년자가 성을 매매하기도 하고, 이미 그 사이트를 거처로 활동하는 인터넷상의 '포주'도 존재한다. 물론 사이트 가입을 권유하는 메일 역시 우리를 찾아온다.

이제 성매매 업소들은 메일, 문자메시지, 찌라시(전단지), 명함 등 다양한 매체를 이용해 직접적이고 세부적인 '마케팅'을 적극적으로 실천한다. 인터넷의 평범한 명함집 사이트에는, '노래빠'를 홍보하기 위한 명함을 만들려 하는데 어떤 디자인이 좋겠냐는 상담 글과, 그에 대한 대답으로 빨 갛고 노란 화려한 명함의 견본이 올라오곤 한다. 그 일련의 과정이 24시 간 순대국밥집 명함을 주문하려는 바로 아래 게시물과 마찬가지로 너무나 평화롭고 평범해서, 뉴스에서 문제 삼곤 하는 노래빠 도우미 아줌마, 또는 여대생의 일탈이니 2차니 하는 것과 연관지어 이야기하기가 왠지 무색해 질 지경이다.

　　포주와 학대받는 매춘 여성에 관한 기사보다 내가 살고 있는 오피스 텔 벽 건너편이라든가 매일 출근하는 건물 지하에서 어떤 일이 벌어지는지 는 아무도 모른다는 기사들이 오히려 더 성매매 비지니스가 예전보다 지 금 더 일상 속에 파고들어 와 있음을 반증한다. 어째서 성매매가 특별한 장소나 상황에서 일상으로 들어왔는지에 대해서는 관련 법령의 변화, 성 적 표현을 바라보는 시선의 변화 등의 다양한 이유에서 찾을 수 있다. 어 쨌든 그들은 예나 지금이나 그 자리에 있었고, 조금씩 모습을 바꿔가며 제 나름대로의 생명력을 유지해갈 방법을 찾아냈다. 그에 따라 '소비자'를 대 하는 태도도 달라졌다. 그들이 언제부터 우리의 전화번호와 메일 주소를 필요로 했는지는 모르지만, 우리가 그들을 찾아가기를 기다리기보다 좀 더 적극적이고 좀 더 평범한 방식으로 아무렇지 않게, 쿨하게 우리를 불러 내는 것이 더 나은 공생법이라고 여기게 되었던 것 같다. 아마 우리는 여전 히 그 '제안'을 나와 내 가족과는 관계없는 일이라 여기거나, 혹은 그런 척 이라도 하며 기묘한 공생관계를 유지하고 있을 것이다. 그것이 공생인지 기만인지는 알 수 없지만.**프로젝트 c 참조 / 194~200쪽**

85 x 53 mm
(100%)

이름
한문 이름의 경우 반드시 병기

사진
3 x 4 cm, 최근 6개월 이내에
촬영한 탈모 상반신

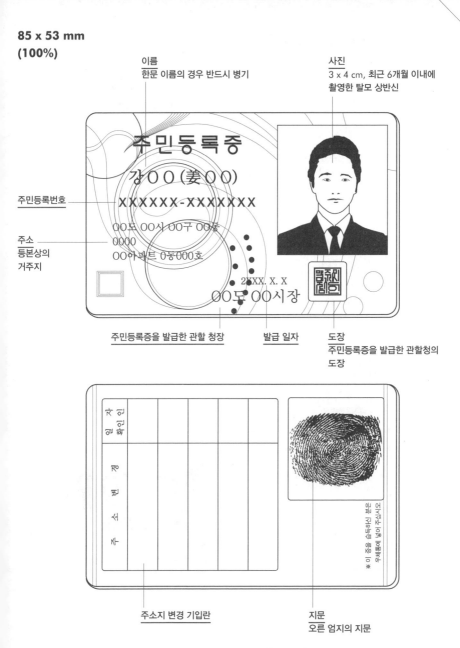

주민등록번호

주소
등본상의
거주지

주민등록증

강○○ (姜○○)

XXXXXX-XXXXXXX

○○도 ○○시 ○○구 ○○동
0000
○○아파트 0동000호

2○XX. X. X

○○도 ○○시장

주민등록증을 발급한 관할 청장

발급 일자

도장
주민등록증을 발급한 관할청의
도장

주소지 변경 기입란

지문
오른 엄지의 지문

홀로그램 무늬 (위·변조 방지 무늬)

앞면 가운데 왼쪽에 물결 모양의 선으로 둘러싼
무지개색의 태극이 있고, 이 태극을 중심으로
왼쪽에서 위로 점점 커지는 대한민국 글자와 왼쪽
아래에서 오른쪽 가운데로 점점 커지는 무늬가
있으며, 여러 개의 작은 태극 모양이 들어 있다.

바탕 무늬

앞면 왼쪽 모서리에 태극 모양이 걸쳐 있고, 가운데
하단에 지구(환태평양) 모양이 있다.

매일경제 | 2000-05-23

동아일보 | 2000.12.07

인터넷 주민번호 생성 프로그램으로 새 주민증 위조 첫 적발 인터넷에서 허위 주민등록번호 여부를 가리는 도구 프로그램으로 쓰이는 '주민등록번호 생성 프로그램'을 이용해 신형 주민등록증 사본을 대량 위조한 신종 범죄가 처음 경찰에 적발됐다.

돌 앞둔 '즈믄둥이' 이태웅 군 가족 주민등록번호가 000101로 시작되는 태웅이는 키 74㎝, 몸무게 10㎏, 이 5개를 지닌 튼튼한 아기로 자라 있었다. 엄마 김씨는 아기의 성격을 호기심 많고 적극적이라고 설명했다.

중앙일보 | 2010.07.17

~번호 '252'의

탈북자들
~안성 코드 받아

~자, 탈북자로 오인
~국 거부-애꿎은 피해

~가기 위해 단체비자를 받고
~.
~에 사시죠? 죄송합니다. 단
~어렵습니다.
~안성에서 토박이로 살아
~부 황현정씨는 얼마 전 남
~학이난다오(海南島)에 여
~기로 하고 단체비자를
~사에 문의했다가 이
~ㄹ 들었다. "안성시
~땅에 중국에서
~3"이라는 것
~'시민들

주민등록번호 뒤 일곱 자리 구성 체계

성별 구분	지역 고유번호			출생신고 순서	검증 번호
×	2	5	2	×××	

경기 안성
-성별 구분은 1999년 이전 출생 남자는 1, 여자는 2. 2000년 이후 출생 남자는 3, 여자는 4
-검증번호는 앞의 여섯 자리들이 잘 조합됐는지 검증하는 칸호

묘한 탈복자들이 안성시민들과 같은 ~리를 부여받아온 것. ~다. 본지가 입수한 안~ 따르면 이 기간 하나원 자들을 주민번호 뒷자리 주민들의 지역코드 '252'를 으로 부여받았다. 지역코드 번호 뒷자리 첫 번째 번호(시) 다음의 네 자리에 들어 ~런 사실을 인지한 중국 정 ~내의 탈복자들이 중국에 ~ 국 내 탈복자들의 말출 ~로로 활동하거나 대~ ~집하는 사례를 막기 ~ 입국하는 한국인들 ~자리가 '252' 인 ~속 강화게

국·체류 과정에서 불이익을 당하는 사례가 속출하고 있다. 이에 따라 안성시청(시장 옳은심)은 외교통상부·행정안전부에 "선량한 우리 시민들이 선의의 피해를 보고 있다"며 "대책을 강구해 달라"는 공문을 전달한 것으로 16일 확인됐다. 시측은 다음 주 이들 부처를 직접 방문해 협조를 요청할 방침이다.

이는 1999년 안성시 삼죽면에 들어선 탈복자 교육시설 하나원을 수

2007년 이전 탈북자를 하나원 있는 안성 코드 받아 안성 출생자, 탈북자로 오인 "중국에 가기 위해 단체비자를 받고 싶습니다." "안성에 사시죠? 죄송합니다. 단체비자는 어렵습니다."

Y2K

BLOG.NAVER.COM/JOSEPH

주민등록번호의 경우, 앞에 2자리만으로 연도를 표시하므로 2000년에 태어나는 사람이 1900년생인지 2000년생인지 구별을 할 수 없는 Y2K 문제가 발생하는데 이것은 컴퓨터의 사용과 관계없는 일이다.

YYMMDD-

출생 연도   출생 월   출생 일

| 7 | 1 | 0 | 5 | 2 | 3 | — | 1 | 1 | 1 | 1 | 1 | 1 | 1 |

$$7 \times 2 + 1 \times 3 + 0 \times 4 + 5 \times 5 + 2 \times 6 + 3 \times 7 + 1 \times 8 + 1 \times 9 + 1 \times 2 + 1 \times 3 + 1 \times 4 + 1 \times 5$$

$$= 14 + 3 + 0 + 25 + 12 + 21 + 8 + 9 + 2 + 3 + 4 + 5 = \boxed{106}$$

9 20 42

성 · 연도 · 인종별 구분

1900~1999년에 태어난 男	1
1900~1999년에 태어난 女	2
2000~2099년에 태어난 男	3
2000~2099년에 태어난 女	4
1900~1999년에 태어난 외국인 男	5
1900~1999년에 태어난 외국인 女	6
2000~2099년에 태어난 외국인 男	7
2000~2099년에 태어난 외국인 女	8
1800~1899년에 태어난 男	9
1800~1899년에 태어난 女	0

청소년에게 주민등록증 위조 심각성을 일깨워야
최근 일부 10대 청소년들이 친구들과 어울려
호기심에 청소년의 출입이 금지된 장소를
드나들거나 청소년 유해약물인 술이나 담배 등을
용이하게 구입하기 위하여 자신의 주민등록증을
변조하여 업주나 종업원에게 제시하다가
불구속으로 형사입건되는 사례가 자주 발생하고
있어 대책 마련이 시급한 실정이다.

광역 단위 구분		시 · 군 단위 구분	동 · 읍 / 면 단위 구분
서울	0		
부산	1		**통 / 반 · 리 단위 구분**
경기/인천	2		
강원/충북	3		
충남/대전	4		
전북/전주	5		
전남/광주	6		
경북/대구	7		
경남/울산	8		
제주도	9		

SAAAARD

| 성별 연도별 인종별 | 출생 신고지 | 출생 신고 순번 | 오류 검증 번호 |

1950년 각 시·도민증을 발급하였다. 시민증이나 도민증은 지금의 주민등록증과 비교해보면 재미있는 점이 많다. 본적, 출생지, 주소는 물론 직업, 신장, 체중, 특징, 언어, 혈액형 등까지 적게 돼 있어 그야말로 신상명세서나 다름없었다.

1950

1962

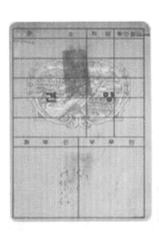

1962년 1월 기류법을 제정하여 주민등록 신고를 하도록 하였고, 1962년 5월 주민등록증법을 제정하여 시·도민증 제도를 수용하였다. 주민등록법이 개정되면서 1968년 10월 20일 주민등록증이 처음 생겼는데 지금처럼 가로 형태가 아니라 세로로 길게 늘어진 모양이었다. 주민등록번호 앞 일련번호로 생년월일을 쓰게 된 시기는 1975년 개정부터였고, 이때는 앞부분 여섯 자리가 시·구·동을 의미했다.

1975

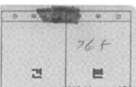

1975년엔 앞으로 닥칠 정보화 시대를 예견하고 주민등록번호의 앞 일련번호를 각 개인의 생년월일로 쓰기 시작했으며, 바탕색이 변화를 갖는 등 '과도기'를 맞게 된다. 그해 7월 25일 주민등록법이 개정된 이유는, 총력적인 안보태세를 강화하기 위해서였다. 주민등록을 거주 사실과 일치시키고 주민등록증 발급 대상자 연령을 민방위대 및 전시 동원 대상자 연령과 일치시키고자 18세에서 17세로 낮췄다.

1983

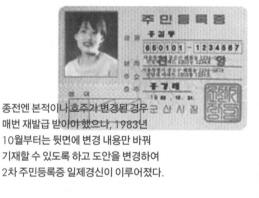

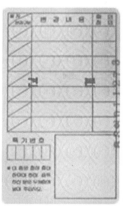

종전엔 본적이나 호주가 변경된 경우 매번 재발급 받아야 했으나, 1983년 10월부터는 뒷면에 변경 내용만 바꿔 기재할 수 있도록 하고 도안을 변경하여 2차 주민등록증 일제경신이 이루어졌다.

1999

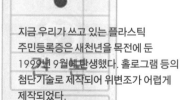

지금 우리가 쓰고 있는 플라스틱 주민등록증은 새천년을 목전에 둔 1999년 9월에 탄생했다. 홀로그램 등의 첨단기술로 제작되어 위변조가 어렵게 제작되었다.

현재

경찰청

운전면허증재교부신청
자동차교통사고사실확인
도로공사신고
경비업허가(갱신)
긴급자동차지정신청
총포소지허가
어린이통학버스신고
무사고운전자표시장수여신청
총포·도검·화약류 등 허가증(면허증) 기재사항변경신고
총포·도검·화약류 등 제조업허가
청원경찰배치신청
청원경찰임용승인
사격장 폐업 또는 휴업신고
안전기준초과승차(적재)차량 또는 차로폭초과차량통행허가
화약류제조(관리) 보안책임자 면허신청
청원경찰무기대여신청
총포·도검·석궁 일시수출입(일시소지허가) 신청대행자 지정신청
화약류제조(관리) 보안책임자 면허갱신신청
총포 등 제조업(판매업·화약류저장소) 영업자 지위승계신고
화약류제조(관리) 보안책임자 선임·해임신고
사격장관리자선임 또는 해임신고
운전면허수시적성검사
국제운전면허증교부
총포소지허가갱신신청
자동차운전면허청정적성검사연기
사격장의 위치 등 변경허가신청
자동차운전전문학원지정신청
운전면허증갱신신청

고용노동부

산재보험 요양급여신청
직업능력개발훈련 교사자격증 발급신청
고용보험 피보험자내역변경신고
국가기술자격취득사항 확인신청
퇴직공제금 지급청구
국가기술자격증교부신청(신규)
우선지원대상기업신고
산재보험 진료비·약제비청구
외국인근로자 구직신청
체불물품확인
국가기술자격증교부 및 기재사항 변경신청
자영업자 고용보험가입신청
개인신용정보 및 공공기관의 정보제공·활용동의
산재보험요양비청구
산재근로자 및 자녀 대학학자금대부신청
근로자신용보증신청
고용·산재보험 토탈서비스 이용신청
고용보험·산재보험 일괄적용사업개시(사업종료)신고
명예산업안전감독관 추천·위촉동의
국민연금 당연적용사업장해당신고·건강보험 사업장(기관)적용신고,고용보험 성립신고 및 산재보험가입신청·산업재해보상보험 보험관계성립신고 및 보험가입신청
중·소기업사업주 산재보험가입신청
명장·장인명장 등 창업자금대부신청
외국인근로자의 사업장변경신청
고용보험·산재보험 보험관계성립신고(보험가입신청)
진폐근로자 휴업급여지급신청
창업지원을 위한 사업계획
국가기술자격검정 필기(실기) 시험합격확인
산재근로자 자녀장학생 선발신청
고용보험·산재보험 개산보험료 감액조정신청
고용보험·산재보험 건설공사 보험관계성립신고(보험가입신청)
산재보상 심사청구

고용·산재보험(임금채권부담금)보험료보고, 분할납부, 과납보험료충당신청
산재보험 후유증상관리비용 이의신청
산재보험 의료기관 변경사항 신고
불법 직업소개 등 신고 포상금 지급신청
진폐근로자 유족위로금지급신청
보험사무대행지원금 지급신청
고용보험·산재보험 일괄적용 해지신청
진폐근로자 장해위로금지급신청
특수형태근로종사자 주된사업장 변경신청
산업재해보상보험 해외파견자보험가입신청
산재보험중기간연장신청
진폐기금 미지급위로금지급신청
산재보험 의료기관 지정신청
산재보험 전원요양, 병행진료, 추가상병 신청
진폐근로자 작업전환수당지급신청
고용보험·산재보험 대리인선임(해임)신고(보험료 징수 관련)
Application for Change of Workplace
중·소기업사업주 산재보험관계 변경신고
근로자파견허가증 재교부신청
불법직업소개 및 허위구인광고행위신고
사업장 건강증진운동 참여신청
해외파견자 산재보험관계 변경신고
교육수강신청
기능장려금 지급신청
산재보험부담금대부신청
건설근로자 고용개선 신고포상금 지급신청
고용보험·산재보험 건설공사 보험관계소멸신고(보험계약해지신청)
고용및산재보험료 자동납부(자동이체) 신청
판정위원회 제척, 기피, 회피신청
고용보험·산재보험 하수급인사업주 승인
업무위탁기관변경신청(산업안전보건)
고용지원서비스우수기관 인증 신청
특수형태근로종사자 산재보험관계 명세 변경신청
무료직업소개사업 신고필증(유료소개사업 등록증)재교부신청
체납 보험료등의 분할납부 승인신청
특수형태근로종사자 입직신고
창업보험 승인에 따른 이자납부신청
특수형태근로종사자 산재보험 적용제외·재적용 신청
분진작업직력확인
인증서 기재사항 변경 및 재교부 신청
보험사무대행기관 인가 신청
보험사무대행기관 폐지신고
고용·산재보험(임금채권부담금) 보험료대행납부 승인
고용보험·산재보험 보험관계소멸신고(보험계약해지신청)
고용보험·산재보험 개산보험료·확정보험료 경정청구
고용보험·산재보험료 사무수임(수임해지)신고
고용보험료·산재보험료(임금채권부담금) 신고
기능전승지원금 변경신고
보험사무대행기관 인가취소 변경신고(변경인가)
고용보험·산재보험 보험료등의 경감신청
고용·산재보험(임금채권부담금) 보험료대행납부 변경신고
특수형태근로종사자 이직신고
진폐근로자 이송료지급신청
징수특례사업 적용해외신청
공인노무사 자격취득을 위한 연수신청
자영업자 고용보험관계 변경신청
휴지·폐지·재개 신고
특례보험료 재산정신청
고용보험·산재보험 확정보험료 수정신고
산재보험 전원요양신청
산재보험 추가상병신청
산재보험 직업훈련 신청
상속인 대표자신고

공정거래위원회

통신판매업신고
통신판매업변경신고
통신판매업 휴업·폐업·영업재개 신고
방문판매업 휴업·폐업·영업재개 신고

공통

재직(퇴직·경력)증명
확인 (공통)
비영리법인 잔여재산 처분 허가
비영리법인 정관변경허가
비영리법인 청산종결 신고
비영리법인 해산신고
비영리법인 설립허가

관세청

수입세금계산서 재교부신청
사후관리물품 설치(사용)장소일시반출신고
수입세금계산서 전자교부신청
외국환 신고
위약환급금 지급신청
수입세금계산서 수정교부신청
원산지 사전확인신청
수입신고수리후 관세분할납부신청
인터넷 통관포탈서비스 이용 (변경)신청
수입세금계산서 일괄교부신청

교육과학기술부

졸업증명
성적증명
학적부(생활기록부)증명
재학증명
검정고시 합격증명
졸업예정증명
교습소신고
검정고시 성적증명
시간강사 경력증명
학점은행제 성적증명
교육비납입증명
원생설립운영등록
대학(교) 제적증명
검정고시 과목합격증명
대학(교) 휴학증명
대학(교) 학위수여(예정)증명
대학(교) 수료증명
대학(교) 자퇴증명
학점은행제 학점인정증명
복수전공 이수예정증명
교직과정 이수증명
교직과정 이수예정증명
교(원)장 자격인정
대학(교) 수료예정증명
학점은행제 학위증명등록
학원설립시 변경등록
교습소폐소신고
학점은행제 학사학위수여예정증명
부전공 이수예정증명
초중등학교 제적증명
대학(교) 입학증명
고등학교졸업학력(입학자격)검정고시 합격증서재교부
학원조부등록
학원 휴원·폐원신고
학원변경등록
대학(교) 합격증명
교습소변경신고
학점은행제 전문학사학위수여예정증명
평생교육시설 설치자초지위승계신고(원격, 사업장부설, 시민사회단체부설, 언론기관부설, 지식·인력개발사업

관련)
대학(교) 복학증명
원자력사업자의 보험계약 조건 승인
학점은행제 연말세액공제증명
방사능방재교육 기관 지정
조건부학원의 시설설비완성신고
교원자격 무시험검정(시도교육청에위임된사항)
실기교사자격 무시험검정
학점은행제 학사학위증명
학점은행제 학점인정
교원자격증 재교부(정정)신청
교원자격 무시험검정(대학(교)·교육대학·사범대학·전문대학 및 이에 준하는 각종학교의 장에게 위임·위탁된 사항)
학점은행제 전문학사학위증명

국가보훈처
참전유공자등록
고엽제후유(의)증 환자등의 등록
장애인정신청(국가유공자유족)
국가유공자(유족)등록
특수임무수행자등록
취업희망신청(국가유공자 등)
6·18자유상이자 등록
대부금지급신청(국가유공자, 제대군인, 5·18민주유공자, 특수임무수행자)
국외거주 국가유공자(유족) 신상신고(대한민국 국적상실자)
조세감면증명(국가유공자·5·18민주화유공자, 특수임무수행자 등)
보조금교부신청(국가유공자, 5·18민주유공자, 특수임무수행자)
5·18민주유공자(유족)등록
취업희망신청(5·18민주유공자 등)
보조금교부신청(현충시설 건립, 개·보수등)
국가유공단체 수익사업 (변경)승인
현충시설 지정요청
전투경찰순경·교정시설경비교도·의무소방원 사망(상이)급여금 청구
국외거주 국가유공자(유족)신상신고(대한민국 국적보유자)
독립유공자(유족) 등록
취업희망신청(특수임무수행자 등)
참전명예수당 입금계좌 등 변경신청
참전명예수당 예금계좌 입금 등 신청

국방부
군인연금소득 원천징수 영수증 재발행
군인연금수급자 확인서 발급 신청
한국(월남)전쟁 참전사실 확인신청
군인연금 급여결정서 발행신청
국립서울현충원 안장(이장)신청
억류지출신 포로가족 등록
국군포로(가족) 국내송환 요청
국립서울현충원 배우자 합장(이장)신청

국세청
소득금액증명
간이과세자 부가가치세 예정(확정·기한후 과세표준)신고
사업자등록증명
확정일자 신고
폐업사실증명
납세사실증명
의제매입세액공제신고
양도소득세 과세표준신고 및 자진납부계산서(예정신고·확정신고·수정신고·기한후신고)
사업자등록 정정신고 (개인사업자)
부가가치세과세표준증명
휴업(폐업)신고 (사업자등록)
원천징수 이행상황신고

법인세 중간예납신고
법인설립신고 및 사업자등록
휴업사실증명
간이과세자 포기·포기신고
국세환급금융 계좌개설(변경)신고
사업자등록 신청(개인사업자), 법인이 아닌 단체의 고유번호 신청
국세환급금융 계좌개설(변경)신고
등록사항 등의 열람·제공요청
표준재무제표증명
미납국세등 열람신청
징수유예신청
원천징수세액 반기별 납부승인
이중과세방지협약 적용대상 거주자증명
종합부동산세 신고
비거주자 등의 국내원천소득에 대한 소득세(법인세) 납세사실증명
과세전 적부심사청구 (국세청용)
부가가치세 대리납부신고
사업장현황신고
연금소득 등의 소득공제 내역서
재활용폐자원 및 중고품 매입세액 공제신고
부가가치세 과세표준 수정신고
[일반·간이]과세전환시 재고품 및 감가상각 자산 신고
주사업장 총괄납부 신청 또는 포기신고
국세환급금 양도요구
청산소득에 대한 법인세 과세표준 및 세액계산 신고
영농조합법인 배당소득에 대한 소득세 세액면제신청
감가상각방법(변경)신고, 내용연수(변경)신고, 내용연수(변경)승인
외국인관광객 면세판매장의 휴업·폐업 또는 지정사항 변경신고
법인으로 보는 단체의 승인
농어촌특별세 과세표준 및 세액신고
환급창구 운영사업자의 휴업·폐업 또는 지정사항 변경신고
세무조사연기신청
과세전 적부심사청구 승계신청
원천징수세액 본점일괄납부 승인
기한연장승인신청
근로소득에 대한 조세조약에 따른 법인세(소득세) 비과세·면제신청
법인으로 보는 단체의 대표자 등의 선임(변경)신고
납세지(변경)신고 (법인세)
국세 이의신청(세무서·지방국세청)
주사업장 총괄납부 변경 신청
과세전 적부심사청구 (세무서·지방국세청용)
유가증권 양도소득에 대한 조세조약에 따른 법인세(소득세) 비과세·면제신청
환급창구 운영사업자 지정취소
다단계판매원 등록(폐업)현황신고
이전가격 관련 국제거래에 대한 자료 제출기한 연장신청
징수유예 등의 적용특례신청
소급공제 법인세액 환급신고
체납처분유예신청
금지금부가가치세환급신고
재고자산 등 평가방법(변경) 신고, 채권등의 보유기간 계산방법 신고
부가가치세 과세표준 및 세액결정(경정)청구
비영리 내국법인의 양도소득 과세표준 예정신고
외국인관광객 면세판매장 지정신청
국세행정심판관련 의견진술
정상가격산출방법의 사전승인신청
부가가치세 면세금지금 거래(수입)추천자 변경신고
면세 포기(적용)신고
법인 합병신고
이전소득금액 반환확인
국세행정심판관련 청구인 지위승계허가

국세심사청구
구술심리신청
당기순이익과세의 포기
납세담보제공
소득금액계산특례신청
납세담보에 의한 납부신청
금지금부가가치세납부신고
납세조합 교부금지급신청
국세 납부기한 연장승인 신청
납세담보 변경승인신고 (국세)
이자·배당·사용료·기타 소득에 대한 조세조약에 따른 법인세(소득세) 비과세·면제신청
외국인관광객 면세판매장 지정취소
임시사업장폐쇄신고
국세행정심판 대표자해임
환급청구 운영사업자 지정신청
판매(반출)의제 적용 유예승인
대손세액 공제(변제)신고
원천징수세액 반기별 납부포기신청
외화획득사업자지정신청
부가가치세 면세금지금 거래승인 신청
국세관련서류 송달장소(변경)신고
다단계판매원 총괄용 고유번호신청
국세심사결정경정신청
납세조합증명
교육세 과세표준준신고 (금융업 등)
법인세 물납신청
세입편입 국세환급금 지급신청
국세환급금 충당신청
납세보증
근로장려금 신청
사업자단위과세 포기신고
국세행정심판관련 청구변경
상속인 대표자신고
부가가치세 면세금지금 거래승인 변경신고
부가가치세 면세금지금 거래(수입)추천 승인 신청
가산세 감면신청 (국세)
상호합의절차 개시신청
물납재산 환급 신청
국세행정심판관련 청구인 지위승계
국세행정심판 대표자선정
하치장설치신고
국세심사참가신청에 대한 이의신청
임시사업장개설신고
납세관리인 설정(변경·해임)신고 (국세)
사업연도 변경신고
압류재산 사용·수익허가신청
국세심사참가허가
원천징수세액 본점일괄납부 철회신청
사업자단위과세 종된사업장 증명
납부의무면제자 확정신고
사업자단위과세 등록신청
사업장 계좌개설 신청
부가가치세면세사업자수입금액증명

국토해양부
조상땅 찾기
부동산 거래신고
건축물대장 말소신청
주택 임대사업자 등록
건축물 소유자 변경·정정 신청
개별공시지가 이의신청
건축물대장 생성신청
건축물 부존재증명원 발급신청
집합건축물대장 전유부 변경(분할·합병) 신청
가출인신고접수 확인
건축물대장 분리·결합 신청
도시계획시설부지매수청구

건설기술자경력증명서 발급신청
건축물표시 변경·정정 신청
건설기계 등록(검사)증 재발급
주택거래계약신고
건축물묘지번 변경·정정 신청
택시미터 전문검정기관 지정폐지신고
건설기계등록
건설기술자보유증명서 발급신청
건축사업무신고
주택 임대조건 신고
지하수개발·이용 변경신고
공유수면 원상회복 이행보증금반환
지하수에 영향을 미치는 굴착행위 (변경)신고
건축물대장 재작성신고
지적측량적부심사청구
건축물대장 전환신청
공인중개사자격증·중개사무소등록증·분사무소설치
신고필증 재교부
건물표시변경 등기촉탁 신청
해면성말소(회복등록)신청
주택 임대사업자 등록사항 변경신고
선박보안심사 재심사
건축물대장 합병신청
측량업 폐업신고
지하수개발·이용 신고
지하수개발·이용 준공신고
항로표지 장비·용품검사
자산관리회사인가
지적측량업(양도,양수,상속,법인합병)신고
부동산투자자문회사등록
지하수개발·이용 관련 시정조치완료통보
건축사 업무신고사항 변경신고 또는 휴업·폐업 신고
화물자동차 운송(운송주선·운송가맹)사업 양도·양수
신고
자기관리부동산투자회사 영업인가
건설기계 등록말소신청
지적측량기준점 이전신청
지하수개발·이용시설업 등록(변경등록)
측량기술경력증 발급(변경·재발급)
기업구조조정부동산투자회사인가 영업인가
유출지하수 이용계획 신고
공인중개사자격증반납
지하수개발·이용시설업 양도신고
지하수영향조사기관등록(변경등록)
지하수에 영향을 미치는 굴착행위 종료신고
지하수정화업 상속신고
항공기 감항증명서 재교부
지하수개발·이용 종료신고
지하수개발·이용시설업 승계신고
건설기술자 경력 (변경)신고
항공기 등 제작증명
지역종합개발사업 시행자 지정 신청
자산운용전문인력 교육기관지정
기계식주차장치보수업 등록증 재교부
위탁관리부동산투자회사 영업인가
피해신고접수 확인
지하수개발·이용시설 사후관리 이행신고
영공통과운항허가
건설기계등록번호표 제작·재부착·재봉인 신청
특정지역개발사업 실시계획 승인 신청 [복합]
유출지하수 이용관련 개선명령 이행완료통보
지하수개발·이용시설 사후관리 이행종료 신고
민자유치사업 참여 신청
수도권신공항건설사업 공공전사용허가
지도(지적편집도)제작업 등록
지적측량적부재심사청구
전용철도운영등록
공유수면매립보상 재결신청

특정지역개발사업 시행자 지정 신청
수도권신공항건설사업 시행자지정
지하수관련 토지 출입(사용)허가
지하수개발·이용시공업 합병신고
수도권신공항건설사업 준공확인
철도사업경영 면허
고소(고발)장접수 증명
측량업 등록증·등록수첩 재교부
선박국적증서(가선박국적증서) 영역서교부
동일형식 건설기계 수입신고
부동산등기용 등록번호 부여신청
지하수개발·이용의 (변경)허가(행위허가)
지적 측량업 (등록증·등록수첩) 재발급
항공운송사업 운항증명
경매업 개설·운영승인 신청
자동차등록증 재교부 신청
토지(임야)이동신고
건설기계 형식신고(변경신고)
건설기술경력증 발급(신규·갱신·재발급)신청

금융위원회
대부업·대부중개업 등록
투자자문업 및 투자일임업 등록
금융지주회사설립인가
대부업·대부중개업 폐업신고
의결권대리행사권유서류제출
증권신고
주식등의 대량보유상황 보고
대부업·대부중개업 변경등록
신용협동조합의 설립인가
금융투자업인가(투자매매업, 투자중개업)
동일인의은행주식보유한도초과취득보고및승인
장내파생상품의 대량보유 보고
자산유동화계획등록
임원 등의 특정증권등 소유상황 보고
손해사정사등록
은행업 인가
감사인선임 보고
신용보험업 허가
외국보험사업자의 국내지점 허가
신용정보업 양도·양수인가
주요사항보고
상호저축은행 지점설치 인가
상호저축은행 영업인가
자산양도등록
보험회사의 대주주 사전승인
보험계리사등록
신용정보집중기관 등록
대부업·대부중개업 등록갱신신청
보험사업허가
신용보험업 합병인가
기업구조조정조합의 해산신고
신용카드업허가
공개매수신고
예금 보험금(가지급금) 지급청구
주권상장법인의 감사인 해임 보고
시설대여업·할부금융업·신기술사업금융업 등록(유통
계 신용카드업여위)
공공적 법인 발행주식 취득승인
기업구조조정조합원의무등록(변경)
대부업·대부중개업 분실신고
신용정보업자의 겸업승인
자기주식취득,처분결과보고(신탁계약에 의한 자기주
식의 취득등상황보고 및 해지결과의 보고 포함)
명의개서 대행업무등록
신용정보시정요청
채권평가회사 등록
금융투자업인가(집합투자업, 신탁업)

외국은행 국내사무소 신설인가
외국은행 국내지점 (최초) 신설인가
신용정보업 허가사항 변경허가
외국은행 추가지점 설립인가
상호저축은행중앙회 정관변경 인가
상호저축은행 영업전부의 양도 및 양수 인가
상호저축은행 주식 취득 승인
상호저축은행 합병인가
금융투자업 양수·도 승인
금융 자회사업 업종인정
상호저축은행 자본금 감소 인가
자본금 감소 신고
여신전문금융회사 전환인가
상호저축은행 해산 및 영업전부의 폐지인가
단기금융회사 설립 인가
대주주에 대한 초과신용공여한도 해소계획 승인
상호저축은행 전환인가
외국은행 지점 폐쇄인가
여신전문금융회사 영업양수도인가
여신전문금융회사 합병인가
상호저축은행 출자 승인
신용협동조합 합병인가
동일차주 신용공여한도 초과기간 연장
금융투자업 분할합병 승인
종합금융회사 지점 등 설치 인가
신용협동조합 합병인가
금융투자업 폐지 승인
금융투자업 분할 승인
금융투자업 업종 전환인가(금융투자회사→타금융회
사, 금산법)
금융투자업 업종전환인가(타금융회사→금융투자회
사, 금산법)
신용카드업 대주주 변경 승인
금융투자업 합병 승인
주식의 포괄적 교환·이전 승인
다른 회사의 주식 소유 승인
금융투자업자 출자승인(금산법)
종합금융회사(자금중개회사) 업무폐지(해산)인가
담보부사채신탁업 등록
비금융자회사 출자승인
신용카드업 영위 등록
금융투자업 해산 승인
금융투자업 대주주 변경승인
보험계리업등록
보험중개사등록
손해사정업등록

기획재정부
국유재산 사용수익허가·대부·매수 (기획재정부)
비거주자간 내국통화표시 자본거래 신고
일반계정과 역외계정간 자금이체 허가

농림수산식품부
농지취득 자격증명 신청
휴업(재개업·폐업)신고
자경증명 발급신청
농지전용 허가(변경허가)
도축업(집유업·축산물가공업) 등 허가증 재교부
대리경작자 지정 이의(중지·해지) 신청
농지의 타용도 일시사용동의
배합사료·보조사료·단미사료 제조업 등록·재교부
사료성분등록
학술연구용 동도살신고
동물판매업등록
농지보전부담금 납입기간 연장 신청
가축사육업등록
농지취득 인정 신청
지리적표시 등록 신청

농지전용신고 철회
가축·가금 질병병성감정
동물병원 개설신고 변경
축산물위생검사기관 지정신청
비료수입업 폐업신고
비료생산업등록(수입업신고)사항 변경신고
농지의 타용도 일시사용허가 취소
농수산물 산지유통인 등록
비료생산업등록
농지전용허가 취소
영업자지위 승계신고(축산물가공처리업)
사료제조시설 변경신고
가축인공수정사 면허증 재교부
제조업(원제업·수입업·판매업) 등록증 재교부
권리변동신고
도축업(집유업) 자체검사원 지정(변경)승인
농지보전부담금 분할납부 신청
가축사육업 휴업(폐업·영업재개)신고
비료생산업등록증(비료수입업신고증) 재교부
출자자 신고
농업기반시설(변경)등록
관리수의사·검역관리인채용
동물병원 휴업(폐업)신고
친환경농산물 인증기관지정(재지정) 신청
복구비용 반환청구
포상금 지급신청
수출용육류 잔류물질검사
환지부지정신청
증환지 지정신청
유어장(변경)지정
사료검사
계란집하업 휴업(폐업·영업재개·등록사항변경) 신고
동물용의약품등 자가치료용[임상 제조 연구시험용·견본용·보상용(무환)] 수입 신고
정액 등 처리업 휴업(폐업·영업재개·등록사항변경) 신고
친환경농산물인증 재심사 신청
친환경농산물 인증신청(생산자·수입자)
타용도 환지지정 신청
지리적표시등록 변경신청
비료수입업신고
동물등록증 재발급
비료생산업폐업신고
동물장묘업 등록
동물판매업·동물장묘업 등록 변경신고
동물등록(신규·변경) 신청(신고)
계란집하업 등록
창설환지처틀신청
지리적표시의 등록신청에 대한 이의신청
동물판매업·동물장묘업 등록증 재발급
사료제조업 승계 신고
동물판매업(동물장묘업) 휴업(재개업·폐업) 신고
사료제조업 휴업·폐업 또는 휴업 후 영업재개신고
도축업(집유업·축산물가공업) 등 영업허가
도축업(집유업·축산물가공업) 등 영업허가 변경허가(신고)
동물용의약품등 제조(수입)관리자 및 관리약사 변경신고
동물용의약품등 제조(수입)관리자 승인
농약판매업등록
동물용의약품등 제조(수입)품목 허가(조건부허가)
동물용의약품등 제조업변경 허가
동물용의약품 도매상 허가
농지전용 신고(변경신고)
동물용의약품등도매상·동물용의료기기(수입업·수리업·판매업·임대업) 허가(신고) 변경
동물용의약품등 제조업 허가(조건부허가)
농지원부 등본교부
정액 등 처리업 등록

동물병원 개설신고(법인)
동물용의약품 허가사항 영문증명
가축인공수정사면허
동물용의약품등 제조(수입)품목 허가(신고)사항 변경신고
동물병원 개설신고
축산물운반업(축산물판매업) 영업신고

대법원
가족관계등록부 등의 증명서 교부 신청

문화재청
문화재수리업자 등록
문화재 국내 반입신고
문화재 매매업 폐업 신고
특별보존지역 내 행위 허가
문화재 소유권 반환
문화재 매입(매도)대장 검인 신청

문화체육관광부
영화상영 (변경)신고
출판사 (변경)신고
영화업 (변경)신고
영화상영 신고필증 재교부
인쇄사 (변경)신고
노래연습장업 등록
관광사업계획 (변경)승인
방송영상독립제작사 (변경)신고
인터넷뉴스서비스사업 등록
영화업 신고증 재교부
영화상영관 (변경)등록
음반·음악영상물 제작(배급)업 변경신고
관광종사원등록
외국자금출연신고
인터넷뉴스서비스사업 변경등록
관광사업 양수(지위승계) 신고
영화상영관 등록증 재교부
노래연습장업 변경등록
카지노업허가
온라인음악서비스제공업 변경신고
기타유원시설업 변경신고
외국간행물 견본제출
신문, 인터넷신문, 인터넷뉴스서비스사업자 지위승계 신고
온라인음악서비스제공업 신고
기타유원시설업 신고
유원시설업 변경허가 또는 변경신고
신문, 인터넷신문, 인터넷뉴스사업자 폐업신고
외국간행물 수입추천
외국간행물 견본제출에 따른 보상청구
유원시설업 (조건영업)허가
게임제작업, 게임배급업, 청소년게임제공업, 일반게임제공업, 복합유통게임제공업, 인터넷컴퓨터게임시설제공업 폐업신고서
게임제작업, 게임배급업, 청소년게임제공업, 복합유통게임제공업, 일반게임제공업, 인터넷컴퓨터게임시설제공업 허가증, 등록증, 신고증 재교부신청
관광사업 등록
카지노 영업종류별 영업방법 등 (변경)신고

방송통신위원회
국유재산사용·수익허가
주파수이용권관리대장 열람·교부
전자파적합성평가설비의교정검사
전파환경측정(조사) 신청
초고속인터넷 감면서비스
이동통신 요금할인
주소변경알리미
상속인 금융거래조회 서비스

유선전화 감면서비스
TV수신료 감면

방위사업청
국내·국외 조달분 등록증 발급
방산물자의 생산·매매계약 체결승인

법무부
출입국 사실증명
국내거소신고 사실증명
외국인등록 사실증명
사법시험 합격증명(확인)서 발급
국적상실신고
국적이탈신고
국적선택신고
영치금접수(반환)
국적보유신고
외국인 체류지변경신고
승선허가
접견신청
등록외국인의 출국을 위한 체류기간 연장허가
출소(재소)증명
영치품접수(반환)
손도장 신청
변호인접견신청
참관신청
외국인 부동산등기용 등록번호부여
국적취득신고
단기체류기간 연장허가
국적 관련 사실증명
재입국허가
내국인부 또는 모의 외국적자녀(F-1) 체류기간연장
외국인 부동산등기용 등록증명
체류기간연장허가

병무청
병적증명서발급
상근예비역소집대상자 선발 및 취소
국외여행허가 신청(출국전연장 포함)
재학생입영원 신청(취소·변경 포함)
병역증 및 전역증 재교부 신청
현역병지원
병역처분변경 신청
우선징병검사 신청
병역의무 이행일자 연기신청
의무경찰·의무소방원 취소신청
산업기능요원 편입신청 및 편입취소 유보 신청
대체복무 확인
입영기일연기 포기신청
전문연구요원·산업기능요원 전직(교육훈련·파견근무·수학) 승인신청
신체등위변경 신청
제1국민역 병역면제신청
귀가자 재입영 신청
국외여행기간 연장허가 신청(국외여행허가자중 국외체재중인 자)
기본병과분야 현역장교편입 지원
가사사정으로 인한 병역감면 신청(복무단축 등 포함)
보충역 제2국민역 편입신청
공익근무요원 우선소집(취소)신청
공중보건의사·공익법무관·공익수의사 편입지원
국외체재자 병역의무이행 신청
의무·법무사관후보생의 지원
전문연구요원 편입신청 및 편입취소 유보신청서
징병검사·입영일자 등 본인선택(취소)
현역병 선발취소·연기신청

보건복지부

장애인증명서 발급
예방접종증명
보육시설종사자경력(재직)증명서
보육료 및 양육수당 지원신청(변경)
의료급여증 재발급
국민연금보험료 납부 예외·재개 신고
국민연금 가입증서 재교부
위생분야종사자 등의 건강진단
요양보호사 교육기관 지정신청
건강보험 직장가입자 보수월액 변경신청
기초노령연금 지급신청
국민연금 지역가입자 자격취득신고
국민연금 가입자 자격확인청구
국민연금 임의·임의계속가입자 가입(탈퇴) 신청
응급의료센터 및 응급의료기관 지정
건강보험 체납보험료 분할납부신청
공중위생영업 폐업신고
체외수정 시술비 지원신청
국민연금 지역가입자 내용변경·자격상실 신고 또는
기준소득월액 변경승인
건강보험 사업장 탈퇴신고
장애인보조기구 교부(수리) 비용청구
외국인의 국민연금 지역가입자 자격취득신고
국립묘지안장 신청(의사상자)
우수 장애인보조기구업체 지정
종중·문중 등의 자연장지 조성(변경)허가
응급환자이송업의 휴업·폐업·재개업 신고
한국·독일 사회보장협정에 의한 한국급여 청구
건강보험 사업장(기관) 변경신고
한국·캐나다 사회보장협정에 의한 한국급여 청구
응급환자이송업 영업자지위승계신고
국민연금 보험료 분기납·선납 신청
응급환자이송업 변경허가(신고)
한국·미국 사회보장협정에 의한 한국급여 청구
의약품판매업 허가사항 변경허가
요양보호사 자격증 발급(재발급)
응급환자이송업허가
의료기기 판매(임대)업 신고
의료기기 판매(임대)업 변경신고
집단급식소 설치·운영신고
이(미)용사 면허증 재발급

산림청

산지전용허가(변경허가)
산지전용신고
입산허가
입목벌채(굴취·채취) 기간 연기신고
산림보호구역 지정(해제) 이의신청
토석채취허가(변경허가)
불놓기 허가
산불사상자보상청구
산지복구준공검사 신청
포상금 지급청구
산지복구완료 변경신고
독림가선정
토석채취 변경신고
산지복구의무 면제신청
산림보호구역 사업허가
산지복구 승인
토사채취변경신고
대체산림자원조성비 분할납부
수목원등록(변경등록)
입목벌채·굴취신고
입목벌채·굴취신청
임산물 품질인증 신청
대체산림자원조성비 납부기간연장
채석변경신고
산림보호구역 손실보상
토석채취 기간 연장허가
산림경영계획산림사업 신고
청원산림보호직원 배치신고
토석 반출기간 연장신청
산지복구설계서 제출기간 연장
수목유전자원 교류신고
채석단지지정
채석기간연장 신고
산지복구설계서 승인
토석 무상양여
수목원 휴원신고
산림경영계획(변경) 인가
수목원 폐원신고 및 등록말소
수목원조성계획(변경) 승인
채석신고
산지복구전문기관 지정신청
산지복구비 분할예치 신청
토석매입
국·공유임산물 무상양여 신청
용도변경신고
버섯종균품종등록

소방방재청

화재증명 발급 신청
민방위준된이명령이행기간연장신청
민방위대편성제외신청
민방위대원 소집 손실보상금청구
민방위대원 사망(부상)자 보상금 지급신청
소하천 허가의 권리·의무 승계
구급및구조증명서발급

식품의약품안전청

식품영업 폐업신고
의료기기 제조(수입)품목 (변경)신고 (조건부 허가 포함)
시험용 의료기기등 확인신청
의료기기영업 휴업·폐업·재개 신고
의료기기 재분류신청
의료기기 허가사항 등 확인·증명서 발급신청
의료기기 허가증 재교부
의료기기제조(수입)품목허가 (조건부 허가 포함)
의료기기수리업 변경신고
의료기기영업 허가사항 변경허가
의료기기 제조(수입)업 허가 (조건부 허가 포함)
의료기기 기술문서 등의 심사의뢰
의료기기 품목허가사항 변경허가
식품등의 한시적 기준 및 규격 인정

여성가족부

국제결혼중개업 휴업·폐업·재개업 신고
성폭력상담소 변경신고
청소년수련시설 (변경)등록 또는 등록증 재교부
성폭력상담소·보호시설 폐지·휴지신고
가정폭력 상담소(보호시설·교육훈련시설) 폐지(휴지·운영재개)신고
성폭력보호시설 변경신고(소재지, 명칭, 시설의 장, 입소정원 변경신고)
청소년보호법위반 과징금 분할납부신청
가정폭력 상담원 교육훈련시설 변경신고
가정폭력상담소소장(명칭·소재지) 변경신고
국내결혼중개업 휴업·폐업·재개업 신고
가정폭력피해자 보호시설 변경인가
국제결혼중개업등록
결혼중개업 신고필증(등록증) 재발급
국내결혼중개업 변경신고
국내결혼중개업신고
국제결혼중개업 변경신청

외교통상부

여권발급 (변경)신청
재외국민등록신청(변경.이동신고)
여행증명서발급신청
거주여권무효확인신청
비영리법인 정관변경허가 (외교통상부)
특정국가(지역)여행신고

중소기업청

공동사업계획승인

지식경제부

공장등록증명(자가공장·임대공장)
전기안전관리자 선임·해임신고
공장 등록(부분가동·등록변경)신청
내용증명문서등본의 열람청구
공장설립 등의 완료신고
전기공사업등록
공장설립 입지기준확인신청
도시가스사업자 지위승계신고
기존공장폐쇄확인(신청)
전기공사업 등록기준 신고
외국인투자기업 (변경)등록
액화석유가스사업·저장소사용 휴지(폐지) 신고
석유판매업 변경등록 및 변경신고
공장설립 (등록)승인 신고 [복합]
안전교육신청
전력시설물 설계업·감리업 등록
전략물자 사전판정서 발급
전문생산기술연구소설립신고
기존 주식등의 취득에 의한 외국인투자 신고·허가
대규모점포 개설 (변경)등록·신고 [복합]
공장등록(변경)·부분등록·건축물등록(외국투자가) [복합]
건축물사용승인(외국투자가) [복합]
전기공사업 등록사항 변경신고
도시가스공급시설 설치·변경 공사계획(변경)신고
에너지사용량신고
전략물자 수출허가
전력시설물 설계업·감리업 등록사항 변경신고
탐광기간연장신청
전기설비의공사계획(변경)인가또는신고
전기설비공사계획(변경)신고
전기안전관리대행업체(변경)등록
액화석유가스충전사업자 및 판매사업자보고
신주 등의 취득 또는 출연 방식에 의한 외국인투자내용변경신고
새마을공장사업계획변경승인
건축허가(외국투자가) [복합]
안전관리책임자 선임·해임·퇴직신고(도시가스 관련)
공동집배송센터(변경)지정 [복합]
건축물사용승인(자유무역지역) [복합]
석유판매업(대리점) 등록
전력시설물 설계업·감리업 등록중재교부
가스공급시설 공사계획 (변경)승인
가설건축물조신고(자유무역지역)
전력시설물의 설계감리자 확인(변경)
전기공사업 승계신고
액화석유가스 충전사업영업소설치 (변경)허가
석탄가공업(연탄제조업)·기타가공탄제조업등록
기존주식 등의 취득에 의한 외국인 투자내용 변경 신고·허가
석유판매업(일반판매소·항공유판매업·특수판매소)신고
액화석유가스 충전사업등의 지위승계신고
도시가스공급시설 임시사용신청
수입증가로 인한 산업피해조사의 신청
신주 등의 취득 또는 출연방식에 의한 외국인투자신고
토지수용(사용)인정신청(광업용)

석탄가공업(연탄제조업·기타가공연탄제조업) 폐지(휴지·재개) 신고

자유무역지역 입주확인

집단에너지 사업재개신고

기술도입계약(변경)신고 (외국투자가)

전자무역기반사업자 지정

폐수 또는 대기배출시설 설치허가(외국투자가) [복합]

토지·공장 등 처분(양도)신청(자유무역지역)

액화석유가스 공급규정 (변경)신고

건축물착공신고(자유무역지역)

지식정보보안컨설팅 전문업체 지정

특정화학물질의 제조량 등의 실적(계획)신고

석유판매업(주유소)등록 [복합]

지위승계보고서/석유정제업, 석유수출입업, 석유판매업, 석유대체연료제조·수출입업, 석유대체연료판매업)

1종화학물질의 수입허가

한국산업표준(KS) 인증 신청

도시가스 공급규정 (변경)승인

건축물용도변경신고(자유무역지역)

집단에너지사업승계신고

신기술(새로운 전력기술)지정

항공우주산업사업자중 특정사업자지정

대규모점포관리자신고

자본재처분상황보고 (외국투자가)

관광단지조성계획승인(외국투자가) [복합]

기업구조조정전문회사의 변경등록

개발사업시행승인(외국투자가) [복합]

장기차관방식에 의한 외국인투자 (변경)신고

도시가스 비상공급시설설치신고

관광단지조성계획승인(외국투자가) [복합]

액화석유가스의 충전사업(집단공급사업·판매사업·저장소설치) 허가 [복합]

아파트형공장설립(변경)승인

해외산업단지개발사업(변경.처분)신고

전기공사업 등록증(등록수첩) 재교부

해외산업단지관리(변경)신고

전기공사업 등록증(등록수첩) 재교부

해외산업단지관리(변경)신고

검사대상기기 폐지 및 사용중지 신청

인접광구사용결정신청

석탄가공업 등록사항 변경신고

사업계획 (변경)승인(외국투자가) [복합]

1종화학물질 허가제조자의 지위승계신고

석탄가공업(연탄제조업·기타가공연탄제조업)승계신고

산업단지·공장용지 유치지역의 지정승인

채광최저인가

석유정제업(등록신청,신고,조건부등록)

주식 또는 지분의 취득신고(외국투자가)

정기검사 전부(일부)면제신청(액화석유가스관련)

토지·공장등 양도(임대·사용)신고(자유무역지역)

집단에너지사업계획(변경)승인

해저조광권포기

해저조광구 원상회복의무 면제신청

탐광실적인정신청

천연가스 수입(수출·수송)계약 (변경)승인

1종화학물질의 제조허가

자본재 등 도입물품명세 검토·확인신청

외화획득용 원료의 수입승인

1종화학물질의 양도승인

현금지원신청(외국투자가)

집단에너지사업허가

건축허가(자유무역지역) [복합]

석유수출입업 등록(변경등록, 조건부등록)

건축신고(자유무역지역) [복합]

외화획득이행기간 연장신청

경미한 공사 등 신고(집단에너지 설치·변경공사)

덤핑방지관세 및 상계관세부과를 위한 산업피해조사의 신청

현물출자완료확인신청(외국투자가)

기술도입계약 (변경)신고(자유무역지역)

전략물자 포괄수출허가

공장 신설(증설·업종변경) (변경)승인(외국투자가) [복합]

가설건축물 존치기간 연장신고(자유무역지역)

전력시설물 설계업·감리업 휴업(재개업·폐업)신고

집단에너지사업면허변경(신고)

채광계획 (변경)인가 [복합]

전원개발사업실시계획(변경)승인 [복합]

인접광구에 대한 실지조사신청

석유판매업(부산물인석유제품판매업)등록

한국산업표준(KS) 인증서 재발급신청

유통연수기관지정

건축물용도변경 사용승인(자유무역지역)

석유정제업 변경(등록신청, 신고)

검사대상기기 설치자의 변경신고

집단에너지 사업자 법인해산인가

건축물대장 생성신청(자유무역지역)

석유정제업(석유수출입업·석유판매업) 개시(휴업·폐업)신고

국유재산임대료감면신청(외국투자가)

가스(기관,공급)기술검토신청

관광사업등록(외국투자가) [복합]

임대료감면신청(자유무역지역)

건축물 철거·멸실신고(자유무역지역)

기타가공연탄제조업 등록

국유재산사용허가(자유무역지역)

임대료감면신청(자유무역지역)

신고된사업 외의 사업영위 상황 등의보고(외국투자가)

석유판매업(부생연료유판매업)등록, 조건부등록

전략물자 수입목적확인서 발급

공작물축조신고(자유무역지역)

외국인투자기업(변경)신고 (자유무역지역)

검사대상기기 조종자업무관리대행기관 지정(변경)신청

다이아몬드원석 수출승인

주식 등의 양도 또는 감소 신고

해저광물 비영리탐사·채취 신고

굴진증구결정신청

자본재등 도입물품면세검토·확인(외국투자가)

건축물대장 합병신고(자유무역지역)

조세감면대상 해당여부 사전확인 신청(자유무역지역)

인접광구 실지조사에 대한 의견서제출

공동집배송센터의 분양·임대가격승인

건축물 용도변경허가(자유무역지역)

건축물 표시 변경·정정 신청(자유무역지역)

건축물 임시사용승인(자유무역지역)

자유무역지역 출입증·통행증 (재)발급

외화획득용 원료사용목적변경

수출입 제한물품 반출·입승인(자유무역지역)

집단에너지 안전관리규정(변경)신고

조광권 존속기간 연장신청

정기검사 전부(일부)면제신청(도시가스관련)

해저광물 탐사권(채취권) 설정허가 변경신고

조세감면(내용변경) 신청(자유무역지역)

집단에너지사업휴지(폐지)허가

조광권소멸신청

등록체육시설 사업계획승인(외국투자가) [복합]

건축관계자변경신고(자유무역지역)

건축물 착공연기신청(자유무역지역)

수출입 불정거래인정 신청

집단에너지 공급규정 (변경)신고

1종화학물질의 폐기신고

토지·공장등 매매대금완납(연기)납부신청(자유무역지역)

1종화학물질 제조의 폐지신고

신재생에너지 설비성능검사기관지정

건축물 소유자 변경·정정 신청(자유무역지역)

자본재처분신고(외국투자가)

국유시설 및 기기 등의 대부등 추천(항공우주산업사업자)

1종화학물질의 인도(인수)신고

광업대리인 선임(변경)신고

건축물대장 분리·결합신청(자유무역지역)

건축물대수선신고(자유무역지역)

가설건축물허가(자유무역지역)

외국인투자기업 등록말소(자유무역지역)

자유무역지역입주 (변경)허가

계량기재검정·계량기수리업·계량등증명업 등록(변경신고)

고압가스용기(냉동기·특정설비) 등록(변경)

오존층 파괴 특정물질 제조업 (변경)허가

오존층 파괴 특정물질 수입(변경)허가

기타가공연탄제조업등록

도시가스(가스도매·일반도시가스) 사업허가

조광권의 휴지신청

전기요금복지할인

가스용품 제조사업 변경허가

조광권설정인가

도시가스사업 공급지역등 변경허가

도가스사업 공급시설 변경허가

액화석유가스의 충전사업(집단공급사업·판매사업·저장소설치) 변경허가[복합]

가스용품 제조사업 허가

인접광구의 굴진증구통원

도시가스사업자 가스종류등의 변경허가

탐광계획 (변경)신고

청
멸실 등록원부(말소한 등록) 회복신청
미생물 분양자격 증명신청
출원인변경신고
특허(실용신안·디자인·상표) 출원인코드 부여신청
발명장려보조금 교부신청
특허(실용신안·디자인) 출원 우선권증명신청
특허(실용신안·디자인·상표) 지정(법정)기간 연장(단축·경과구제) 신청
특허(실용신안·디자인·상표) 관련 권리 말소등록
변리사등록사항 변경신고 및 등록취소신청
상표권등록료 납부기간 연장신청
등록명의인 표시 통합 관리 신청
상표 전용(통상)사용권의 설정등록
전자문서 이용신고(전자출원용)
특허(실용신안·디자인·상표) 열람(복사, 교부, 재교부, 정정교부) 신청
특허권등에 대한 가등록
미생물수탁번호 변경신고
특허(실용신안·디자인)출원 우선심사신청
변리사 실무수습신청
특허(실용신안·디자인·상표) 출원인코드 정보 변경신고
(특허(등록)권, 상표권(지분) 전부(일부, 분할) 이전등록
반도체배치설계설정 등록
특허(실용신안·디자인·상표)출원 사실증명신청
실시중인 권리의 회복등록
단체표장등록출원(단체표장권) 이전 허가
국유특허권 수의계약신청
특허관련 절차 기간경과구제신청
변리사자격증 교부신청(신규, 재교부)
특허심판청구사실(심결확정사실·심결문등본송달) 증명신청
특허권(전용·통상실시권·질권)의 신탁등록
상표권 존속기간 갱신(분할)등록료 납부
특허심판에 관한 서류 복사신청

행정안전부
전입신고 [복합]
지방세 세목별 과세(납세)증명
주민등록증재발급신청
지방세 납세증명
주민등록증분실신고(철회)
인감증명발급신청
주민등록증신규발급신청
지방세(등록세)납부 확인
전입세대 열람
주민등록정정(말소)신고
인감신고
주민등록증의 진위확인
주민등록재등록신고
수질검사 및 성분검사
비영리 민간단체 등록 (변경등록)
인감변경신고
자동차세 비과세신청
주민등록이의신청
옥외광고업 신규등록(재개업신고·휴업신고·폐업신고)
세입 과오납금 환부청구 (지방세)
인감신고사항변경신고
승강기보수업등록증재교부신청
국외이주신고
주민등록신고(신규등록)
승강기보수업 휴지·폐지·사업재개신고
승강기보수업등록
징수교부금교부청구
잔류자확인서
국가공무원 임용시험 합격증명서 교부

본인에 관한 처리정보 열람청구
승강기보수업변경등록
온천발견신고
동력장치설치(변경)허가
과오납금 양도신청 (지방세)
지방세 징수유예 등의 신청
승강기 완성·정기·수시 검사신청
본인에 관한 처리정보 정정청구
토지굴착 등 (변경)허가
승강기보수 품질우수업체선정신청
퇴직급여 청구
재직기간합산 신청
유족급여 청구(유족보상금 및 순직유족급여 제외)
공무상 요양기간 연장승인 신청
임용전 군복무기간 산입 신청
훈·포장 등 재교부신청
온천이용허가
주민등록표등본(초본)교부
주민등록표 열람
상훈수여증명서발급

해양경찰청
형사관련 고소·고발·진정·탄원(해양경찰청)
사건사고사실확인원(해양경찰청)
전경복무확인서(해양경찰청)
조종면허증(갱신기간연기, 사전갱신)신청
선원승선사실확인증명서
선박출입항확인증명서
동력수상레저기구조종면허증의 재교부 신청
선박사고사실확인원
해수면 유·도선사업 면허(신고)
조종면허시험대행기관지정신청
원거리수상레저활동신고
검정신청(해양경찰청)
수상레저기구구조등변경승인신청
해양오염방제업등록
수상레저사업신고(휴업, 폐업, 재개업)
수상레저기구말소등록신청
수상레저기구등록사항변경신청
형식승인서재발급신청
해수면 유·도선사업 상속신고
안전검사대행기관지정신청(해양경찰청)
자재·약제의 성능시험 및 검정업무대행자 지정(해양경찰청)
해수면 유·도선사업면허증·신고필증 재교부
해수면 유·도선사업 양도·양수신고
형식승인시험기관·검정대행기관지정신청
수상레저기구안전검사신청[개인용]
정비 및 원상복구명령 이행계획서
해수면 유·도선사업 법인합병신고
수상레저사업등록신청
수상레저기구안전검사(사업자용)
동력수상레저기구등록신청
수상레저사업등록사항변경등록신청

환경부
전용상수도(공업용수도)휴지·폐지신고
환경표지사용 인증
자동차 정밀검사 유효기간 연장신청
지하수정화업 승계신고
낙동강·금강·영산강·섬진강 총량초과부과금 조정
낙동강,금강,영산강,섬진강수계 조치명령이행보고
생태계보전협력금 반환신청
폐기물부담금 납부대상 확인신청
환경시험의뢰
낙동강,금강,영산강,섬진강 수변구역안 시설설치허가
환경표지 대상제품 선정제안

지하수정화업 합병신고
다중이용시설 실내공기질 개선계획서 제출
생태계보전협력금 반환사업승인
공원내 행위신고서
공원내 토지매수청구
측정기기 형식승인(변경승인) 신청
생물다양성 관리계약 청약
검사 대행자 변경지정 신청
지하수정화업 양도신고
신기술인증 유효기간 연장신청
대기(수질, 소음·진동) 방지시설업 (변경)등록
토양관련전문기관(토양오염조사·누출검사)변경지정
토양관련전문기관(토양오염조사·누출검사)지정
지하수정화업 등록(변경등록)신청

제 이름은 '고리금'이라고 하고, 27 살의 ⬛ 입니다. 현재 상계동에서 부모님 명의로된 🏢 에서 👫+🙋 살고 있었습니다. 아직 <u>미혼</u>이구요. 2010년 2월 서울에 4년제 대학을 🎓 했습니다. 🎓 후 '<u>디자인</u>'이라는 잡지회사의 <u>편집팀</u>에서 근무하고 있습니다. <u>계약직</u>으로 3개월 정도 근무하고 있는데, 앞으로 2달 정도 후면 정규직으로 🔄 시켜준다고 하네요. 월급은 <u>매달 15일</u> 💳 으로 월 130만 🪙 정도 세금을 공제하지 않은 채 들어오고 있습니다. 아직 🚗 <u>는 없습니다.</u> 카드는 현재 신한카드와 롯데카드 이렇게 💳 사용하고 있습니다. 지금까지 <u>연체한 기록은 없습니다.</u> 현재 대출건은 <u>500만 🪙 정도의 학자금대출</u>밖에 없습니다. 이번이 사회에 나와 첫 대출인 셈입니다. 급하게 👫➡🙋 을 해야 하는 상황이 생겼는데... <u>2000만 🪙 정도</u>를 제 신용도로 🪙1 금융권에서 대출이 가능한지 알고 싶습니다. <u>원금은 놔두고 이자만 내는 방식</u>으로 <u>2년 정도</u> 생각하고 있습니다. <u>다음 주 중</u>으로 대출을 받았으면 하는데 가능할까요?

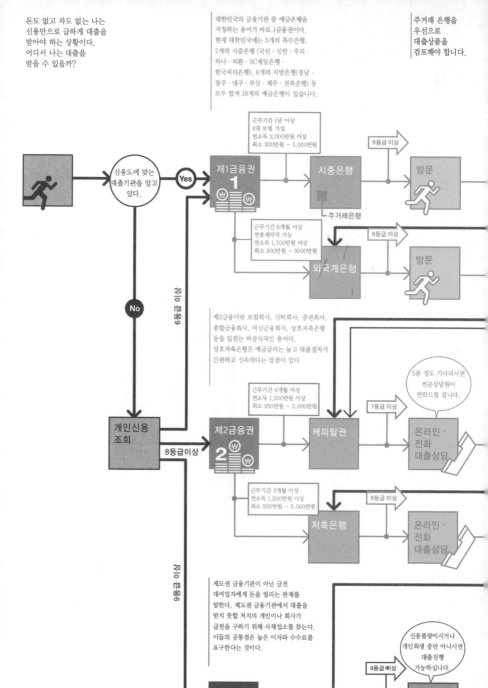

돈도 없고 차도 없는 나는
신용만으로 급하게 대출을
받아야 하는 상황이다.
어디서 나는 대출을
받을 수 있을까?

대한민국의 금융기관 중 예금은행을
지칭하는 용어가 바로 1금융권이다.
현재 대한민국에는 5개의 특수은행,
7개의 시중은행 (국민 · 신한 · 우리 ·
하나 · 외환 · SC제일은행 ·
한국씨티은행), 6개의 지방은행(경남 ·
광주 · 대구 · 부산 · 제주 · 전북은행) 등
모두 합쳐 18개의 예금은행이 있습니다.

주거래 은행을
우선으로
대출상품을
검토해야 합니다.

신용도에 맞는
대출기관을 알고
있다.

Yes

No

9등급 이상

개인신용
조회

8등급이상

6등급 이상

제1금융권
1

근무기간 1년 이상
4대 보험 가입
연소득 2,000만원 이상
최소 300만원 ~ 5,000만원

시중은행

6등급 이상

방문

주거래은행

근무기간 6개월 이상
연봉계약직 가능
연소득 1,700만원 이상
최소 300만원 ~ 5000만원

외국계은행

6등급 이상

방문

제2금융이란 보험회사, 신탁회사, 증권회사,
종합금융회사, 여신금융회사, 상호저축은행
등을 일컫는 비공식적인 용어이다.
상호저축은행은 예금금리는 높고 대출절차가
간편하고 신속하다는 장점이 있다

제2금융권
2

근무기간 6개월 이상
연소득 1,200만원 이상
최소 200만원 ~ 5,000만원

캐피탈권

7등급 이상

5분 정도 기다리시면
전문상담원이
연락드릴 겁니다.

온라인 ·
전화
대출상담

근무기간 3개월 이상
연소득 1,200만원 이상
최소 200만원 ~ 5,000만원

저축은행

8등급 이상

온라인 ·
전화
대출상담

6등급 이상

제도권 금융기관이 아닌 금전
대여업자에게 돈을 빌리는 관계를
말한다. 제도권 금융기관에서 대출을
받지 못할 처지의 개인이나 회사가
급전을 구하기 위해 사채소를 찾는다.
이들의 공통점은 높은 이자와 수수료를
요구한다는 것이다.

9등급 이상

소비자금융
3

온라인 ·
전화
대출상담

신용불량이시거나
개인회생 중만 아니시면
대출진행
가능하십니다.

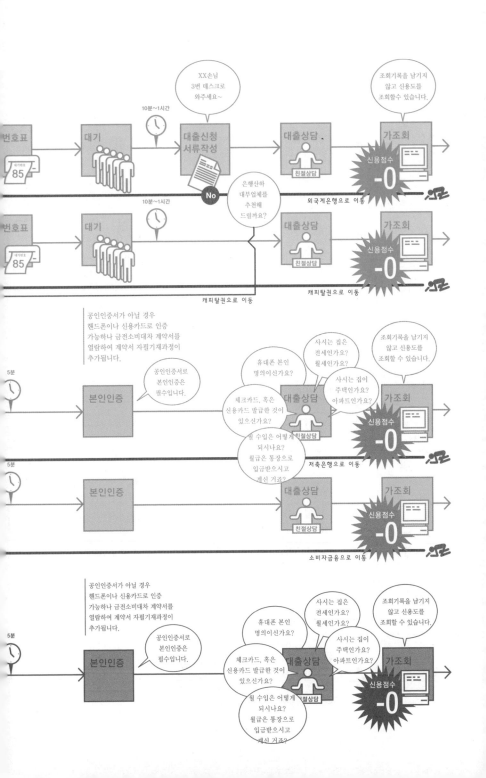

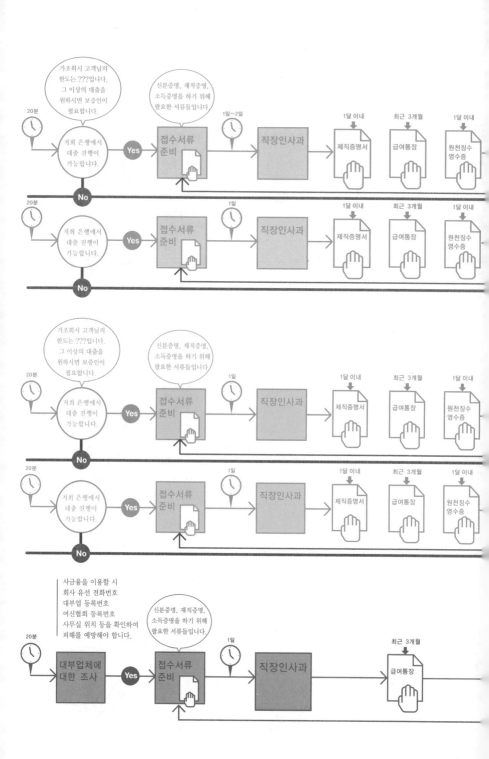

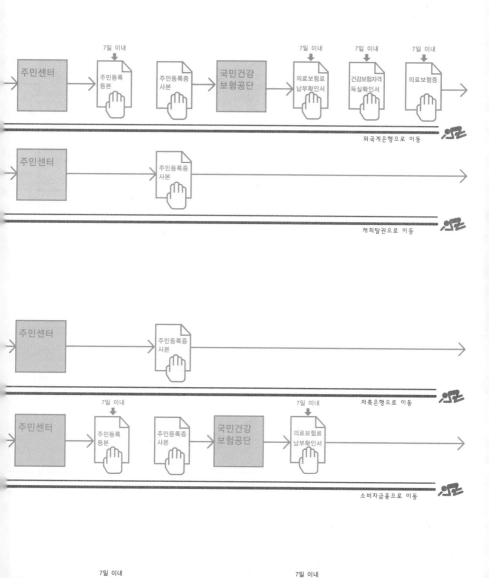

주민센터 → 주민등록 등본 [7일 이내] → 주민등록증 사본 → 국민건강 보험공단 → 의료보험료 납부확인서 [7일 이내] → 건강보험자격 득실확인서 [7일 이내] → 의료보험증 [7일 이내]

외국계은행으로 이동

주민센터 → 주민등록증 사본

캐피탈권으로 이동

주민센터 → 주민등록증 사본

저축은행으로 이동

주민센터 → 주민등록 등본 [7일 이내] → 주민등록증 사본 → 국민건강 보험공단 → 의료보험료 납부확인서 [7일 이내]

소비자금융으로 이동

주민센터 → 주민등록 등본 [7일 이내] → 주민등록증 사본 → 국민건강 보험공단 → 의료보험료 납부확인서 [7일 이내]

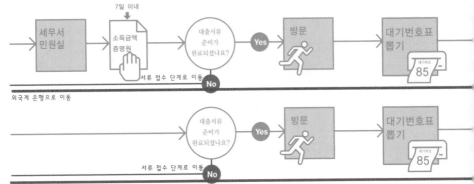

세무서 민원실 → 소득금액 증명원 (7일 이내) → 대출서류 준비가 완료되셨나요? → Yes → 방문 → 대기번호표 뽑기 85

서류 접수 단계로 이동 / No

외국계 은행으로 이동

대출서류 준비가 완료되셨나요? → Yes → 방문 → 대기번호표 뽑기 85

서류 접수 단계로 이동 / No

캐피탈권으로 이동

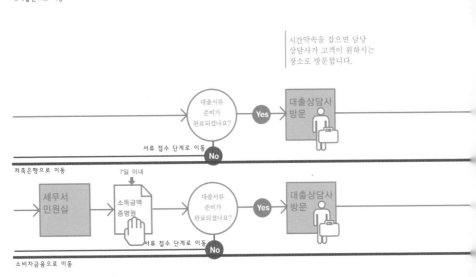

시간약속을 잡으면 담당 상담사가 고객이 원하시는 장소로 방문합니다.

대출서류 준비가 완료되셨나요? → Yes → 대출상담사 방문

서류 접수 단계로 이동 / No

저축은행으로 이동

세무서 민원실 → 소득금액 증명원 (7일 이내) → 대출서류 준비가 완료되셨나요? → Yes → 대출상담사 방문

서류 접수 단계로 이동 / No

소비자금융으로 이동

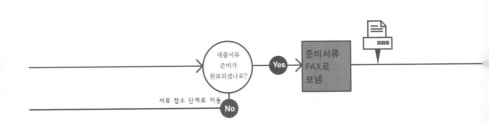

대출서류 준비가 완료되셨나요? → Yes → 준비서류 FAX로 보냄

서류 접수 단계로 이동 / No

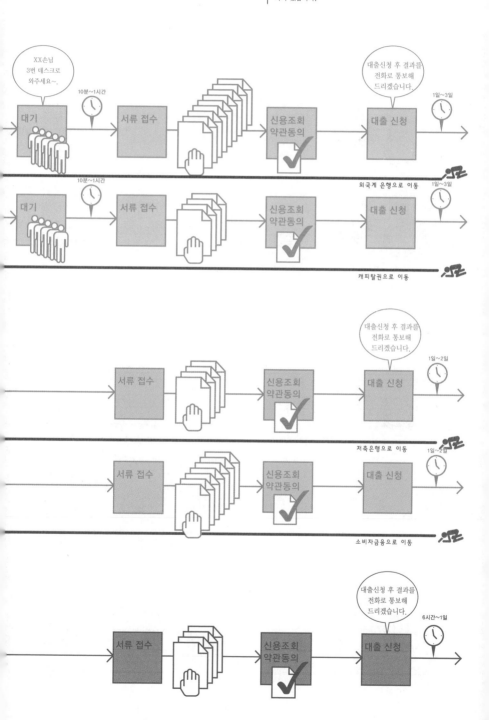

금융사는 일반적으로 복수의 신용조회회사로부터 신용등급을 조회하여 가장 낮은 등급에 맞추어 거래 여부를 판단하고 있다.

은행계좌, 거래연체정보, 백화점 등 일반기업체와의 거래기록 정보

복수카드 소지정보

은행의 대출, 보증정보, 신용불량 정보

복수카드 소지정보

제1금융권
1회 조회 시 신용점수 3점 차감
3번 조회 시 신용등급 하락

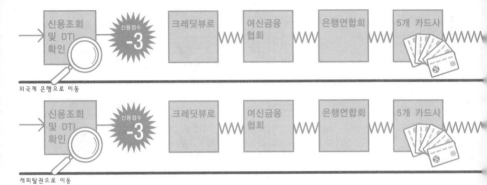

외국계 은행으로 이동

캐피탈권으로 이동

제2금융권
1회 조회 시 신용점수 5점 차감
2번 조회 시 신용등급 하락

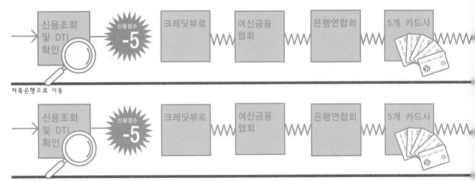

저축은행으로 이동

소비자금융으로 이동

사금융권
1회 조회시 신용점수 10점 차감
1번 조회시 신용등급 하락

통신요금
연체정보

신용등급은 1급부터 10급까지 등급이
나누어지고, 등급이 높을수록 이자율은
더 낮아지고 대출한도는 높아집니다.
1~3 등급이 우수, 4~6등급이
평균등급입니다.

신용조회회사에서 제공받은 신용등급 및
조회기록을 신용 평점시스템에
반영하거나 대출심사기준으로
활용하는데 조회기록을 5~25%를
신용등급평점에 반영한다.

비은행권 조회기록이
있을 경우에는 정밀
심사를 하거나 대출을
거절하기도 한다.

3개월 내 3건 이상의
사금융 조회가 있을
경우 절대 대출 불가

정보통신
산업회 → 대출한도
산출 → 대출 승인 → 대출신청이
승인되었습니다. —Yes→ 방문 →

No → 외국계은행으로 이동

정보통신
산업회 → 대출한도
산출 → 대출 승인 → 대출신청이
승인되었습니다. —Yes→ 방문 →

No → 캐피탈권으로 이동

3개월 내 3건 이상의
사금융 조회가 있을
경우 절대 대출 불가

정보통신
산업회 → 대출한도
산출 → 대출 승인 → 대출신청이
승인되었습니다. —Yes→

No → 저축은행으로 이동

정보통신
산업회 → 대출한도
산출 → 대출 승인 → 대출신청이
승인되었습니다. —Yes→

No → 소비자금융으로 이동

사금융 이자제한법에 따라
연이율 49%로 제한되어
있습니다.

연체 중이거나 신용불량자
개인회생 중이면 절대
대출 불가

정보통신
산업회 → 대출한도
산출 → 대출 승인 → 대출신청이
승인되었습니다. —Yes→

No ↓

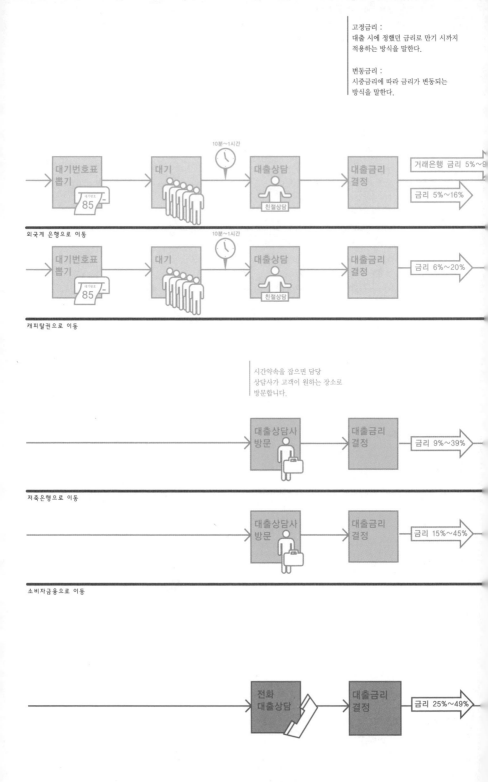

고정금리 :
대출 시에 정했던 금리로 만기 시까지
적용하는 방식을 말한다.

변동금리 :
시중금리에 따라 금리가 변동되는
방식을 말한다.

대기번호표
뽑기
85
대기
10분~1시간
대출상담
친절상담
대출금리
결정
거래은행 금리 5%~9
금리 5%~16%

외국계 은행으로 이동

대기번호표
뽑기
85
대기
10분~1시간
대출상담
친절상담
대출금리
결정
금리 6%~20%

캐피탈권으로 이동

시간약속을 잡으면 담당
상담사가 고객이 원하는 장소로
방문합니다.

대출상담사
방문
대출금리
결정
금리 9%~39%

저축은행으로 이동

대출상담사
방문
대출금리
결정
금리 15%~45%

소비자금융으로 이동

전화
대출상담
대출금리
결정
금리 25%~49%

대출은 상환방법에 따라서
만기일시상환,
원금균등분할상환,
원리금균등분할상환 등으로
나눌 수 있다.

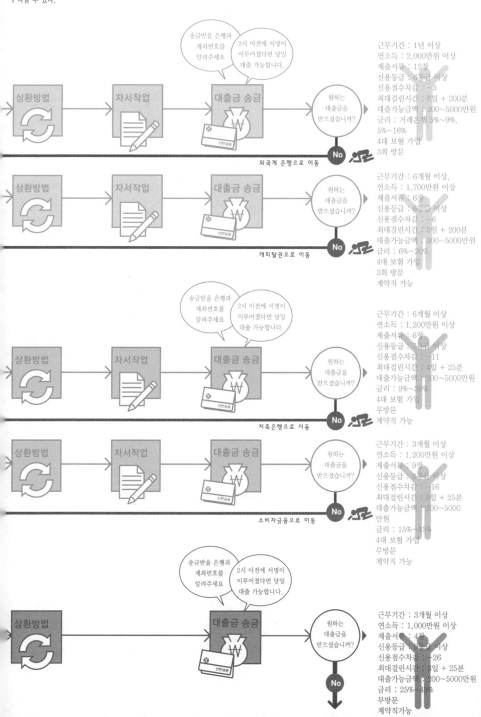

대출 불가 사유

핸드폰미소유자	조회건수 3개월내 5건, 6개월내 7건 초과자	중고자동차딜러	대리점 소속 설계사	목사, 승려, 신부, 무속인
현금서비스 3건 + 월급 3배 이상 사용자	무직자대출불가, 신용회복중인자 불가, 연체자 불가, 저신용자 불가	사회통념상 유흥업소로 판단되는 업종	지입차주	유흥업소종사자, 사채업자, 휴직자, 장기병가자, 정치인불가
인턴직(의료기관인턴직은 제외)	연소득 1,200만원 미만자	4대보험 미가입자는 재직 12개월 이상이 되어야 한다.	법인대표	PC방, 통신판매업(인터넷쇼핑몰 운영자)
채권추심기관 조회내역 보유자	주부		해당 금융지주소속임직원, 본사와 계약된 Agent 및 Agent 소속 직원	재직기간 및 업력 기간 미달자(재직자 6개월)
	숙박업(여관, 모텔, 호텔), 부동산 중개업(공인중개사), 보험대리점, 사채업	이중국적자	급여 압류, 휴직, 퇴직 예정인 자	학생
	당행 대출 후 12개월 미경과자	국적취득자(귀화)	회사 대표자 명의를 포함한 개인명의로 등재된 번호로 재직확인을 할 수 없는자	사회복지 협의회, 복지센터, 복지회관, 희망의집, 애육원, 농원 등
신용불량 이력 삭제 후 3년 미경과자	연령초과자(만 55세 이상자)	법률행위 무능력자(정상적 의사소통이 불가능한자 포함)	회사 대표자전화번호가 확인 불가능한 경우	모든 등기임원(직급에 관계없음)은 대출불가

기초생활수급자	주민등록번호정정고객	화장품 판매원	경비업종사자인 경비용역직은 모두 낮은 직군으로 전환	택시기사(개인택시포함), 외항선원
	아파트 경비원	목욕탕업(사우나, 대중목욕탕, 찜질방 등)	외국인	신용카드 개설일 또는 대출발생일이 1년을 초과하지 않는 고객은 대출한도는 700만원 한도를 넘지 아니한다.
1년이내 금융기관 대출건수 5건 이상자	금융거래 최초 이용자	매장/ 창고/ 사무실 등 없이 차량을 이용하여 도소매 및 기타업을 영위하는 사업자	대부업이용자 (대부업 3건이상 대출자 불가)	만화방, 전문도서대여점, 미용실, 이발소
	직군이 낮은 여행사 및 여행 알선업	대리운전업, 퀵서비스업, 흥신소, 직업안내소, 철학원(작명소 포함)	현금서비스 1,100만원 초과 고객	파트타임, 일용직 근로자
사후관리가 어렵다고 판단되는 직군	가압류 등재자, 처분금지가처분, 임의경매, 강제경매, 예고등기 등은 불가하다.	인력공급업체, 결혼정보업체	신용불량, 채무불이행	다단계영업종사자
회사등급 D의 경우 6개월 내 조회건수 과다자	상조회사 근무하는 직원	비디오방, 비디오가게, 핸드폰 판매업, 온라인게임업	시간강사	
회사 조사시 휴/폐업한 경우	major 학습지교사 이외에 사설 학습지교사, 개인사업체학습지 교사	신용 6,7등급 자영업자 업력 25개월 미만자	국내에 거주하지 않는 대한민국 국민	건강보험료가 심사시점의 현재 월로부터 4달 이상 미납된 고객

성매매방지 및 피해자보호 등에 관한 법률

[(타)일부개정 2010.4.15 법률 제10261호 시행일 2011.1.1]

제1조(목적)

이 법은 성매매를 방지하고, 성매매 피해자 및 성을 파는 행위를 한 사람의 보호와 자립을 지원하는 것을 목적으로 한다.

제2조(정의)

① 이 법에서 사용하는 용어의 정의는 다음과 같다.

1

"성매매"라 함은 불특정인을 상대로 금품 그 밖의 재산상의 이익을 수수·약속하고 다음 각목의 어느 하나에 해당하는 행위를 하거나 그 상대방이 되는 것을 말한다.

가. 성교행위

나. 구강·항문 등 신체의 일부 또는 도구를 이용한 유사성교행위

2

"성매매알선등행위"라 함은 다음 각목의 어느하나에 해당하는 행위를 하는 것을 말한다.

가. 성매매를 알선·권유·유인 또는 강요하는 행위

나. 성매매의 장소를 제공하는 행위

다. 성매매에 제공되는 사실을 알면서 자금·토지 또는 건물을 제공하는 행위

3

"성매매 목적의 인신매매"라 함은 다음 각목의 어느 하나에 해당하는 행위를 하는 것을 말한다.

가. 성을 파는 행위 또는 형법 제245조의 규정에 의한 음란행위를 하게 하거나, 성교행위 등 음란한 내용을 표현하는 사진·영상물 등의 촬영대상으로 삼을 목적으로 위계·위력 그 밖에 이에 준하는 방법으로 대상자를 지배·관리하면서 제3자에게 인계하는 행위

나. 가목과 같은 목적으로 청소년보호법 제2조제1호의 규정에 의한 청소년 (이하"청소년"이라한다). 사물을 변별하거나 의사를 결정할 능력이 없거나 미약한 자 또는 대통령이 정하는 중대한 장애가 있는 자나 그를 보호·감독하는 자에게 선불금 등 금품 그 밖의 재산상의 이익을 제공·약속하고 대상자를 지배·관리하면서 제3자에게 인계하는 행위

다. 가목 및 나목의 행위가 행하여지는 것을 알면서 가목과 같은 목적이나 전매를 위하여 대상자를 인계받는 행위

라. 가목 내지 다목의 행위를 위하여 대상자를 모집·이동·은닉하는 행위

4

"성매매 피해자"라 함은 다음 각목의 어느 하나에 해당하는 자를 말한다.

가. 위계·위력 그 밖에 이에 준하는 방법으로 성매매를 강요당한 자

나. 업무·고용 그 밖의 관계로 인하여 보호 또는 감독하는 자에 의하여 마약류 관리에 관한 법률 제2조의 규정에 의한 마약·향정신성의약품 또는 대마(이하 "마약등"이라 한다)에 중독되어 성매매를 한 자

다. 청소년, 사물을 변별하거나 의사를 결정할 능력이 없거나 미약한 자 또는 대통령이 정하는 중대한 장애가 있는 자로서 성매매를 하도록 알선·유인된 자

라. 성매매 목적의 인신매매를 당한 자

② 다음 각호의 어느 하나에 해당하는 경우에는 대상자를 제1항 제3호 가목에서 규정한 지배·관리하에 둔 것으로 본다.

1

선불금 제공 등의 방법으로 대상자의 동의를 얻은 때에도 그 의사에 반하여 이탈을 제지한 경우

2

타인을 고용·감독하는 자, 출입국·직업을 알선하는 자 또는 그를 보조하는 자가 성을 파는 행위를 하게 할 목적으로 여권 또는 이에 갈음하는 증명서를 채무이행 확보등의 명목으로 제공받은 경우

⋮

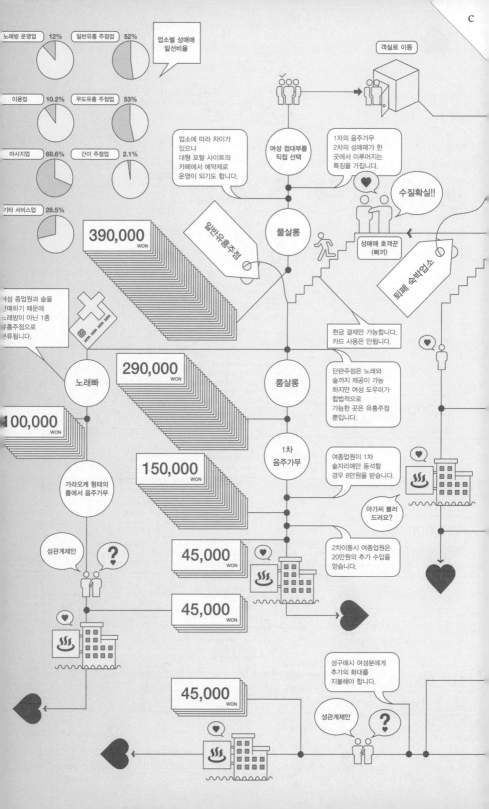

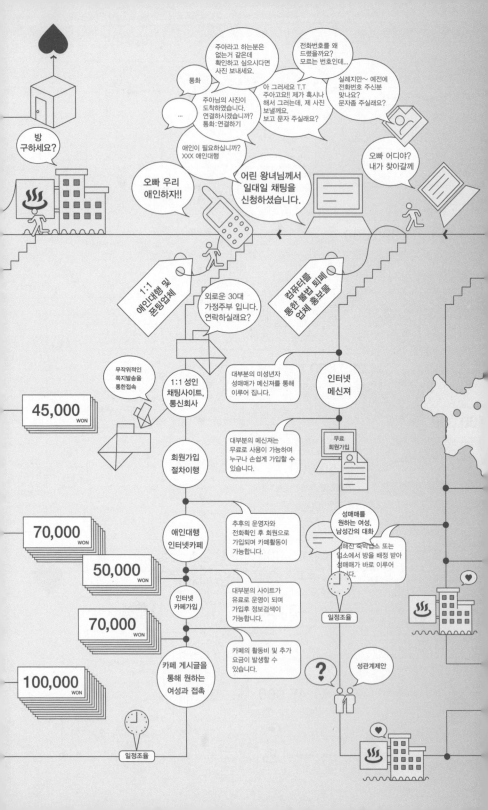

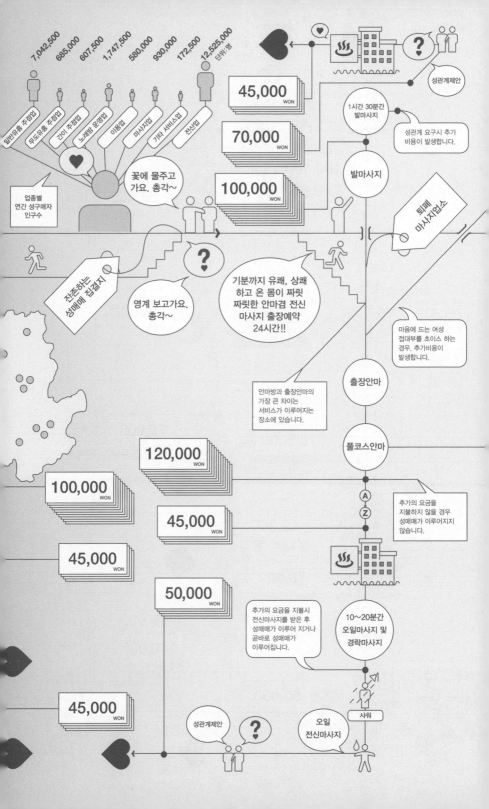

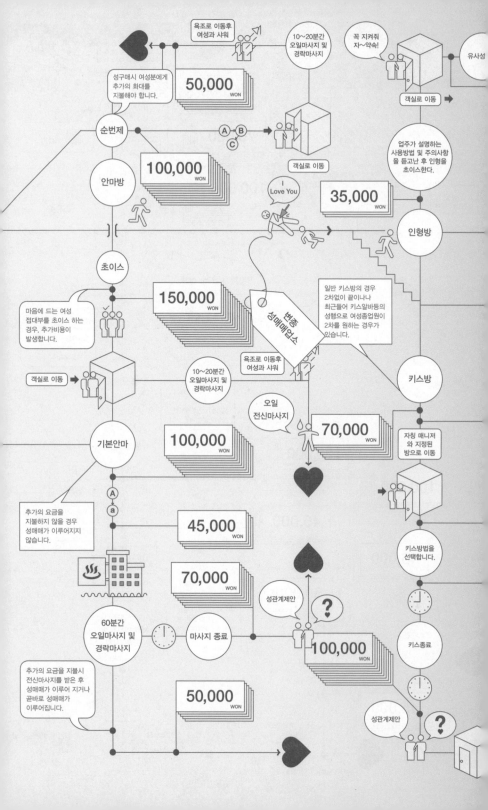

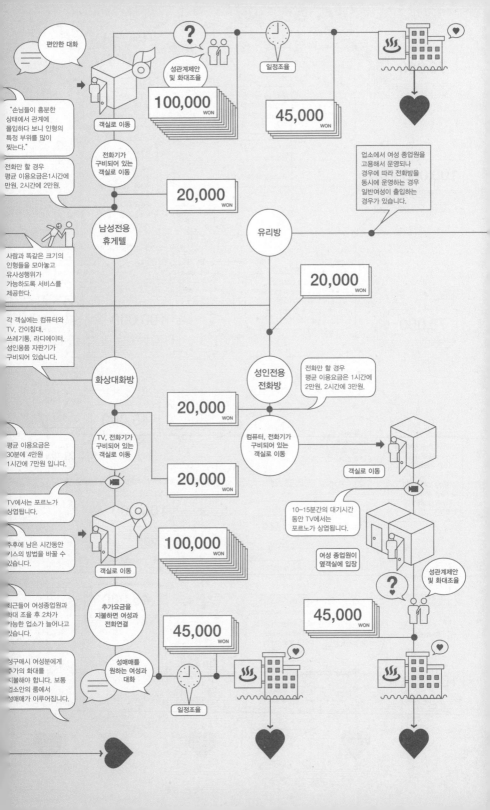

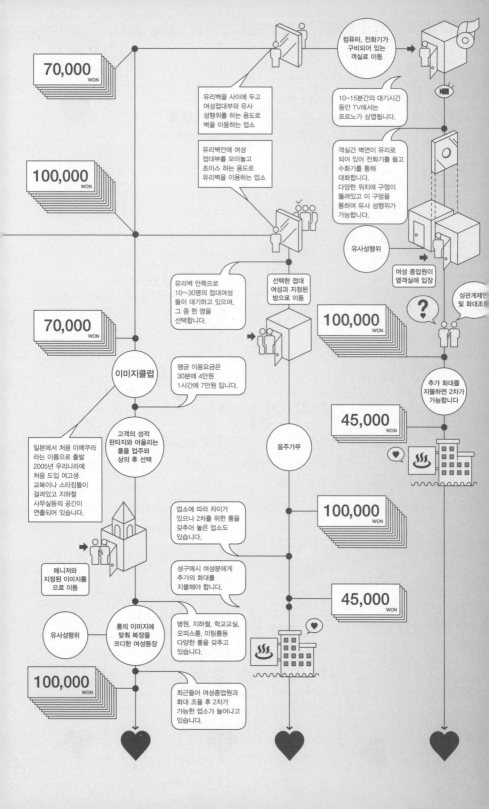

후기

지난 어버이날, 은퇴 이후 구미에 작은 집을 마련해 살고 있는 부모를 찾아갔다. 나는 노년의 부모를 고향에 두고 서울에서 생활하는 여느 자식들처럼 죄책감을 안고 KTX 산천행 기차에 올랐다. 집 근처 식당에서 점심을 먹고 집으로 가는 길에 아버지는 낙동강 공사 현장을 한번 보여주마고 차를 돌렸다. 그곳에선 '유역 정리'와 '하저 준설 공사'가 한창이었는데, 한쪽에 보를 쌓아 물을 막아놓고 강바닥을 헤쳐올리고 있었다. 토사들은 한편에 둔덕이 되어 쌓였다. 이렇게 쌓인 토사들은 처리할 방법이 없어 주변 논밭 두둑을 높이는 데 쓴다고 했다. 토사의 알갱이가 커서 물이 샐까 걱정하면서도 말이다.

저 멀리 강 한가운데에는 흡사 〈미래소년 코난〉에 등장하는 인더스트리아의 타워처럼 보이는 시설물 4개가 위풍당당하게 나란히 솟아올라 있다. 거대한 곡선의 콘크리트 덩어리는 변신로봇의 변신 전 모습 같다. 그 구조물을 배경으로 공사를 위해 재제들을 나르는 낙동강 위의 수많은 배들을 바라보고 있자니 〈미래소년 코난〉의 스팀펑크의 세계가 눈앞에 펼쳐지는 듯했다. 스팀펑크 장르에서 과학은 이를테면 마법이나 연금술과 다를 바 없다. 산업혁명 시기의 내연기관은 진보와 혁신, 압도적인 경이로움, 유토피아로서의 미래에 대한 신뢰를 상징했다.

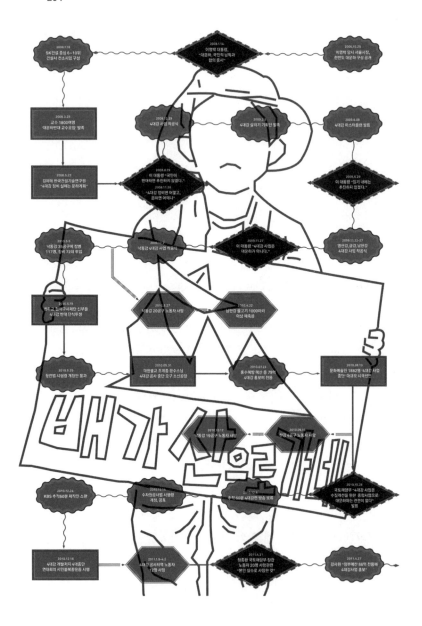

〈배가 산으로 가네〉
콘셉트·디자인: 정진열·최정미. 자료 정리: 박은선.

낙동강에서 돌아오는 길에 발견한 4대강 살리기 국정 홍보물은 이 신뢰를 바탕으로 장밋빛 미래를 약속하고 있었다. 지금의 강은 엄청난 문제투성이여서 이 공사를 하고 나면 치수도 되고, 자연보호도 되고, 공원도 생기고, 자전거 길도 생기고, 아버지와 아들, 어머니와 딸들, 할아버지와 손자들이 웃으며 뛰어노는 곳이 생길 거라고 이야기하고 있다. 지역의 많은 사람들이 이를 믿고 있었다. 한강의 기적처럼 낙동강의 기적, 영산강의 기적이 재림할 것이라고 말이다. 적절하게, 혹은 지나치게도 보이는 보상도 정부의 이름으로 약속되어 있었고, 실제로 공사를 통해 지역 경제로 유입되는 돈의 액수도 그렇게 간단히 무시할 수 있는 것들이 아니었다. 자연보호야 관점에 따라 어느 쪽으로든 얼마든지 윤색될 수 있는 추상적인 개념이고, 살림 걱정 없이 사는 것처럼 보이는 이상주의적 시민단체들의 배부른 소리에 불과해 보이기도 했다. 경험에 따르면 '개발'은 무조건 지금보다 나아진다는 약속과 같은 것이었고, 그 와중에 수반되는 희생은 충분히 감당할 수 있을 것처럼 보이기도 했다. 실제로 희생될 가능성이 있는 것들은 개발에 따른 대가로써 과거에도 얼마든지 감당해 온 종류의 것들에 지나지 않았다. 급격한 산업화 시기를 상대적으로 긍정적인 의미의 향수어린 모습으로 기억하고 있는 낙동강 주변의 사람들에게 공사 현장은 스팀펑크가 제공하는 산업혁명 시대의 향수와 비견할 만한 비전으로 기능했다.

이런 방식으로 무뎌진 감각이 어떻게든 균형을 찾는 지점은, 불가항력적인 극단적인 상황이 연출되는 순간들, 이를테면 재해나 재난을 맞닥뜨리게 되는 순간들이다. 신뢰하던 시스템이 파괴적인 재난 상황에 제때 제대로 대응하지 못하고, 실질적인 위협이 자신들에게 직접적으로 들이닥

1
〈구제역 매몰지 정보 공개 감시〉
프로젝트 트윗 애드온즈 사이트

http://goo.gl/6GuLv

2
〈구제역 매몰지 정보 공개 감시〉
프로젝트 사이트

http://goo.gl/wIkj1

3
오마이뉴스의 〈우리 마을
구제역 매몰지는 어디일까?〉
프로젝트 사이트

http://goo.gl/cFj2z

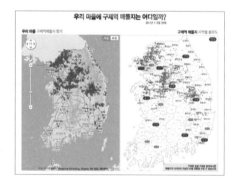

치는 때가 되어서야 인간은 시스템에 맡겨두었던, 위험 회피와 생존에 대
한 본능을 되살려낸다.

　2011년 3월 서울과학기술대학교의 백욱인 교수는 트위터 등의 소셜
네트워크를 통한 구제역 매립지 정보 공유를 위한 협업 운동을 제안한다.[1]
정부에 의해 읍, 면 단위보다 자세한 매몰지 정보 공개가 거부되었기 때문
이었다. 곧바로 협업자들에 의해 구글 문서가 생성되고 정보 제공자들을
통해 구글 지도 상에 매립지 정보가 기록되기 시작했다.[2] 많은 이들의 참
여로 시작된 프로젝트는 이후 아티스트 그룹이 데이터 시각화 작업에 동
참하는 등 속도를 낸다. 이와 비슷한 시점인 지난 4월, 강기갑 의원이 『한
겨레21』과의 협업을 통해 구제역 매몰지 정보를 조사해 발표한다. 이렇게
발표된 정보는 다시 『오마이뉴스』에 의해 구글에 입력됐고 이는 〈우리 마
을 구제역 매몰지는 어디일까?〉라는 이름의 프로젝트로 변화했다.[3] 이 작
업의 결과물로 공개 · 배포된 지도는 실은 앞의 정보 공유 프로젝트에 대
중이 보인 관심과 그 진행 속도에 압박을 느낀 정치권에서 '선수'친 것에
가깝고, 정부가 (숨기려다) 발표한 정보를 바탕으로 하고 있기 때문에 완
전하다고 하기도 어렵다. 그러나 이 지도가 향후 유사한 상황에서 선택할
수 있는 효과적인 선례로 남을 것은 분명하다. 한편 이 프로젝트의 진행
과정에서 실제 매몰지 지역 주민들이 반발에 가까운 거부감을 표하는 경
우가 많았는데, 부동산과 관광 사업에 타격을 입을 것을 우려한 것으로 보
인다. 또 한 가지 흥미로운 점은 이 자료가 공개된 시점부터 오히려 구제
역 매몰과 환경오염에 관한 구체적인 관심과 감시 및 조사 활동이 급속도
로 줄어들었다는 사실이다. 이를 토대로 사람들이 이 프로젝트에 적극적

4
전국 투쟁 현장 지도 제작위원회
트윗 애드온즈 사이트

http://goo.gl/Z9tro

5
〈전국 투쟁 현장 지도〉
프로젝트 사이트

http://goo.gl/H1LMO

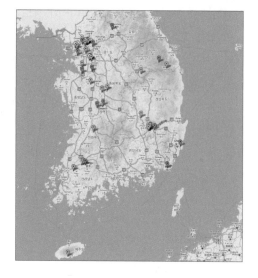

으로 참여한 이유가 사실 정보 공개를 억제하는 공권력에 대한 반발에 기초하고 있었다고 추정해 볼 수 있다. 애초에 정부가 정상적인 수준에서 매몰지 정보를 공개했다면 큰 논란 없이 지나갔을 일이었다는 것이다.

〈구제역 매몰지 정보 공개 감시〉 프로젝트가 정부의 활동을 감시하기 위해 시작되었지만 자발적인 클라우드 소싱에 의해 진행된 것과 유사하게, 〈전국 투쟁 현장 지도〉는 2011년 초 트위터 상에서 발안된 아이디어가 곧바로 실현된 결과로, 프로젝트 실행 며칠 만에 대부분의 정보가 업데이트되었다.[4] 비정규직 투쟁 현장을 기록하기 위한 계획이었지만 일반 노동조합이나 반개발, 산업재해 투쟁 등의 정보도 고루 기록되었다. 초반에는 활동가들이나 당사자들을 중심으로 주요 투쟁 현장들이 먼저 기록되었고, 그다음에는 작은 시위들이 보충되었다. 이 프로젝트가 구체적인 정보망을 빠르게 형성한 데 반해, 이후 이 지도가 어떤 방법으로 활용되었는지는 확인하기 어렵다.[5] 그러나 바로 얼마 전 부산 한진중공업 사측과 노조가 대치되는 상황에서 시민들이 자발적으로 느슨한 연결 고리를 구성해 투쟁 현장을 방문한 희망버스의 사례에서처럼, 소셜 네트워크는 시민들이 구체적 연대를 실행하는 데에 있어 이전의 플랫폼에 비해 상대적으로 실효성 있게 작동하는 것처럼 보인다.

2009년 가을 우리가 이 연재를 시작했을 무렵만 해도 위와 같은 시도들은 쉽게 이뤄지기 어려웠다. 이러한 시도들이 가능해진 배경에 2009년 겨울을 기점으로 광범위하게, 또 우리의 생활 일부로 자리 잡은 스마트폰과 스마트폰을 기반으로 한 여러 모바일 서비스들의 급속한 성장이 있다. 우리가 쉽게 가지리라고 예상하지 못한 도구들이 우리에게 주어지자마자, 마치 기다리기라도 한 듯이 개별적인 시민 한 명 한 명이 연대해 생존을 위한 정보들을 서로 공유해야 하는 상황들이 우리에게 들이닥치기 시작했다. 폭설, 폭우, 구제역 파동이 일었고, 대운하 사업에서 이름만 바뀐 4대강 사업이 온 나라를 들쑤셨으며, 쓰나미가 일본을 덮쳐 수만 명이 죽고 삶의 터전을 잃게 된 가운데 후쿠시마 원전이 통제 불능 상태로 방사성 물질을 방출하여 우리나라를 비롯한 주변국은 물론 전 지구를 공포에 몰아넣었다. 불가항력적인 재해 못지않게 우리의 일상을 파괴하고 시민의 존엄성과 생존을 위협하는 자본과 국가 공권력의 공세도 여전히 계속되었다. 이런 거대한 재난과 재해, 사건들과 상황 속에서 모바일 기기들을 기반으로 하는 소셜 네트워크를 통해 많은 이들이 자신들의 감정을 토로하고 서로 공감하기 시작한 것은 자연스러운 현상이다. 이 같은 시도들이 소셜 네트워크를 통해 시작되고 이루어진 것은 소셜 네트워크가 종래의 여론의 장에 비해 정치적 경계를 설정하기 어렵고, 자신을 중심으로 구성된 네트워크가 타인의 네트워크와 부분적으로 교차되면서도 위상을 형성하지 않아 통념상의 정치적인 스펙트럼에서 자신의 위치를 실감하거나 타인에게 확인시킬 필요가 없기 때문이기도 하다.

우리에게 이 같은 도구들이 조금 일찍 주어졌다면 연재를 통해 진행한 작업들을 좀 더 확장되고 심도 깊은 형태로 만들 수도 있었을 것이라는 아쉬움이 든다. 그렇지만 이 작업들에서도 그 이전에는 존재하지 않았던 많은 도구들이 사용되었다. 인터넷 뉴스 서비스와 지면 열람 서비스가 없었다면 모든 신문을 구독한 뒤 스크랩해야 했을 것이고, 도서관에 가서 아카이브를 열람하지 않고서는 수십 종의 언론 매체가 날짜별로, 시간대

별로 촛불시위를 어떻게 보도했는지 파악할 수도 없었을 것이고, 난장판
이 된 국회에서 어느 국회의원이 누구의 머리를 쥐어뜯고 있는지 확인할
수도 없었을 것이다. 또 공공 기관에서 제공하는 지하철 역사나 지하상가
의 정보들 없이 지하세계를 재구성하는 것도 쉽게 시도하기 어려웠을 것
이다. 연재의 서두에서 우리는 자본이나 국가가 우리의 일거수일투족을
파악하고 통제하는 방식에 대한 두려움을 이야기했다. 정보들을 물리적인
조건들로부터 해방시켜 네트워크상에서 데이터베이스에 접속하는 방식으
로 일원화하고, 정보 취득에 필요한 승인 단계들을 최대한 생략하는 것이
정보를 독점하던 시스템이 스스로 선택한 진화 방법이거나 정보에 가치를
부여해 쉽게 상품화하기 위한 전략이라면, 우리는 역으로 이들의 새로운
기술과 아이디어로 만들어진 도구들을 창의적으로 활용함으로써 시스템
을 되짚어 이해하거나 대응하는 데 유용한 기회로 삼을 수 있을 것이다.

　　하지만 이 작업들이 구체적이고 실질적인 어떤 목적들을 위해 존재
하는 것이라고 말하기는 어렵다. 바로 앞에 소개했던 몇 가지 시도들에서
와 마찬가지로 조사와 관찰을 통해 얻은 정보들이 활용되긴 하지만 이 작
업들은 사람들에게 진실을 알리고 규합하여 행동하게 하는 동인이 되기를
적극적으로 주장하지는 않는다. 마찬가지로 조형적 형태와 시각적 언어의
실험을 지속하지만—정보디자인이라고 총칭되는 장르가 그런 것처럼—
정보를 투명하고 효율적으로 전달하는 데에만 관심을 두지도 않는다. 이
는 그래픽 디자인 분야의 직업적 역할이 쉽게 정의되지 않는 최근의 흐름
을 반영하고 있기도 하다. 이 작업들에 참여한 젊은 디자이너들은 가치 판
단을 거세한 채 객관적인 정보의 중개자로 머물러야 한다는 전통적인 디

자이너상에 의문을 품고 새로운 역할을 모색하는 데 공통의 관심을 가지고 있기도 하다.

우리의 시도가 쉽게 규정되기 어렵고, 때때로 서툴고 부족해도 실행될 수 있도록 연결 고리가 되어주신 박해천, 복도훈 두 분의 선생님, 그리고 낯선 시도를 흔쾌히 받아들여 연재의 기회를 주신 자음과모음의 기획진 여러분, 그리고 책을 멋지게 다듬어주신 김형진 선생님, 참을성 있게 기다려주신 이진아 선생님께 감사드린다. 무엇보다 무리한 일정, 방향을 잃고 표류하기 십상인 아이디어들에도 도시 곳곳을 관찰하고 조사해 흥미로운 작업으로 만들어준 우태희, 이준섭, 권계현, 김상현, 장혜림, 유성미, 김자현, 김효주, 김경은, 홍은주, 강진, 김동환, 이원재에게 감사하다. 실상 이 책의 주된 저자는 이들임을 밝히고 싶다.

2011년 6월
정진열, 김형재